幽默的人跟谁都聊得来

摆脱枯燥的交流，成为最受欢迎的人

沈子涵 编著

成都地图出版社

图书在版编目(CIP)数据

幽默的人,跟谁都聊得来/沈子涵编著.--成都：成都地图出版社有限公司,2018.10(2021.3重印)
ISBN 978-7-5557-1066-0

Ⅰ.①幽… Ⅱ.①沈… Ⅲ.①幽默(美学)-语言艺术-通俗读物 Ⅳ.①H019-49

中国版本图书馆CIP数据核字(2018)第237981号

幽默的人,跟谁都聊得来
YOUMO DE REN, GEN SHUI DOU LIAODELAI

编　　著：	沈子涵
责任编辑：	陈　红
封面设计：	松　雪
出版发行：	成都地图出版社有限公司
地　　址：	成都市龙泉驿区建设路2号
邮政编码：	610100
电　　话：	028-84884648　028-84884826(营销部)
传　　真：	028-84884820
印　　刷：	三河市宏顺兴印刷有限公司
开　　本：	880mm×1270mm　1/32
印　　张：	6
字　　数：	136千字
版　　次：	2018年10月第1版
印　　次：	2021年3月第3次印刷
定　　价：	35.00元
书　　号：	ISBN 978-7-5557-1066-0

版权所有，翻版必究
如发现印装质量问题，请与承印厂联系退换

前 言

幽默能打开初识之际的陌生局面，破解无话可说的尴尬气氛，让人们在激烈的论辩当中巧言获胜，在雅量的谐谑中赢得爱人的芳心，在幽默的氛围中换得和睦、幸福的家庭生活，在纷繁复杂的社会关系中左右逢源、事半功倍……

幽默是语言的最高境界。在短短的话语中能否运用幽默、运用多少幽默，则是衡量一个人语言高下的重要标准。幽默是人际交往的润滑剂、缓冲剂，就像一座桥梁拉近了人与人之间的距离，使心灵变得更亲近。正如美国一位心理学家说的："幽默是一种最有趣、最有感染力、最具有普遍意义的传递艺术。"幽默不仅能体现出一个人深厚的文化素养和丰富的文化内涵，还能折射出一个人的美好心灵。一个具有魅力的人能不赢得别人的喜欢吗？事实证明，幽默具有使人愉悦的神奇功效，在任何场合，拥有幽默的人总会赢得他人的好感，获得众多的支持和理解。

在人际交往中，我们总希望自己能够和别人和睦相处，成为大家瞩目的焦点，受到许多人的欢迎。因此，我们总是努力让自己表现出最好的形象。要想有效地表现自我，最重要的捷径就是表现出自己的幽默。幽默能够消除内心的紧张，树立健康乐观的个人形象，润滑人际关系。幽默能够化解尴尬，影响别人的思想和态度，从而掌控局面。更重要的是，幽默不仅可以为自己带来好人缘，还可以给自己带来好心情、好运气。

幽默的人最有人情味，与幽默的人相处，每个人都会感到快乐，谁都希望同有幽默感的人打交道。幽默是一种宝贵的品质。幽默的人具有宽容、自信、豁达、乐观的心态，它使生活充满乐趣、充满生机。同样，具有这种品质的人能够正视现实，笑对人生。幽默是一种文化的积淀，需要达到一定层次的文化水准。一个人知识的存储与个人的涵养是成正比的。知识渊博的人，才能具有审时度势的能力，才能够谈资丰富、妙言成趣，才能作恰如其分的比喻，才能不以眼前的区区小事计较得失，才能多些雅量、少些鲁莽。

《幽默的人，跟谁都聊得来》汇集了幽默的技巧精华，全方位地向读者阐释了幽默所蕴含的人生智慧，以及如何掌握幽默技巧，修炼成一位出色的幽默大师的方法。

懂幽默是一个人走向成功的捷径，它能使人拥有融洽的人际关系，而融洽的人际关系是一个人在社会上立足和做事的资本；它能使人拥有更多的机会，成功的人生是靠机会来成全的，一个讨人喜欢的人也就有了更多成功的契机。此外，它能给人以更强烈的幸福感，人们很难想象，一个不喜欢别人、不喜欢自己的人会感觉幸福。

本书从处世、社交、做事、谈判、职场、演讲、辩论、生活等方面，结合具体案例，生动、具体地讲述了幽默在现实应用中的独特魅力。无论是没有任何准备的即兴幽默，还是准备充分的演讲幽默、说服幽默，其蕴含的睿智与机敏都能让人在融洽的氛围中说好难说的话，办好难办的事。说幽默话，做幽默人，你将成为一个最受欢迎的人。

2018 年 8 月

目　录

第一章　用幽默提升形象，让你到哪里都受欢迎

在幽默中提升魅力　　　　　　　　　　002
幽默需要有积极的心态　　　　　　　　006
幽默代表着健全的人格　　　　　　　　008
幽默使你万众瞩目　　　　　　　　　　011
含蓄的幽默令你颇具魅力　　　　　　　014
幽默是一种绝妙的影响力　　　　　　　016

第二章　职场幽默，让工作成为快乐的事

怎样与幽默型领导相处　　　　　　　　020
幽默管理，"笑果"更好　　　　　　　024
获得赏识的幽默术　　　　　　　　　　026
幽默地处理好同事关系　　　　　　　　028
有幽默感可以赢得客户的合作　　　　　032

　　　　做一个幽默的领导者　　　　　　　　　　034

第三章　社交幽默：让你的沟通更顺畅
　　　　因为幽默，在社交场中游刃有余　　　　042
　　　　以幽默获得他人的同情和谅解　　　　　044
　　　　幽默寒暄能够拉近心理距离　　　　　　046
　　　　幽默可以让你结识更多的朋友　　　　　048
　　　　用幽默拉近人与人之间的距离　　　　　050

第四章　辩论幽默：不吵不闹，赢得辩论
　　　　圆融辩驳，用幽默代替指责　　　　　　054
　　　　找出矛盾，让对方进退两难　　　　　　056
　　　　两难战术，反客为主的辩论术　　　　　059
　　　　妙用谐音，变被动为主动　　　　　　　061

软化辩语，绵里藏针　　　　　　　　063
诡辩幽默，不胜亦胜　　　　　　　　065

第五章　谈判幽默：用幽默打破僵局，增加胜算
将幽默妙用于谈判中　　　　　　　　068
巧用幽默转移话题　　　　　　　　　071
以守为攻的幽默语言　　　　　　　　073
用幽默使自己占据主动　　　　　　　075
顾左右而言他的幽默技巧　　　　　　078
声东击西，出奇制胜　　　　　　　　081
君子雄辩，幽默助阵　　　　　　　　083

第六章　家庭幽默：在幽默中享受家庭幸福
防止婚姻老化，幽默交流必不可少　　086

生活少动力，幽默来添加 089
改变心态，柴米油盐皆可幽默 092
用幽默来化解矛盾，关系更密切 094
夫妻攻讦，幽默回击也充满爱 097
守护爱神，幽默化解婚姻危机 101

第七章 即兴幽默：瞬间让人喜欢你

一见如故——与初识之人幽默建交 106
临时发挥——化忌为吉的幽默术 108
就坡打滚——故作不知的幽默技巧 110
将错就错——顺理成章中显智慧 112
以静制动——应对别人指责嘲笑 113
即兴聊天——幽默捧场，愉悦情怀 115
随机应变——幽默口才的即兴法宝 117
变通幽默——就比别人会说一点 119

第八章 幽默说服：在笑声中说服对方

幽默说理，轻松劝诫 122
幽默的劝导，"忠言"也"顺耳" 125
正话反说，曲折中打动他人 127
巧作类比，让人信服 130
婉言曲说地劝谏 132
比喻论证术的幽默魅力 135
说服需要语言技巧 139

第九章 幽默反击：让对抗少点火药味

幽默是最有效的反击利器 144
不露锋芒，隐蔽回击 146
机智地应对他人的刁难 148
以诙谐的语言反击对方 151

巧用冷幽默反击对方诘难		154
幽默夹杂着针砭和嘲讽		157
自引荒谬，巧妙反击		161

第十章　幽默拒绝，不伤面子的高效拒绝术

下令逐客，幽默的圆融		164
巧言妙语，智慧的拒绝		167
慢点说"是"，笑着说"不"		169
通过暗示，善于说"不"		171
逻辑拒绝，巧踢回传球		173
幽默拒绝，化解尴尬		175
绕圈拒绝，优化交际圈		177
巧妙拒绝，让他知难而退		180

第一章

用幽默提升形象，让你到哪里都受欢迎

在幽默中提升魅力

具有怎样特点的人才更吸引他人呢？一般人会说友善、热情、开朗、宽容、富有、乐于助人、幽默、有责任感、工作能力强等许多特征，但相关专家提出：在这些所有特征中最重要的莫过于幽默了。这并不是说其他的特征不可贵，因为在人与人的交往过程中没有太多的机会展示那些特质。

假若把各种优良特质比作钻石的各个侧面，幽默感则是钻石直接面向我们的那一面，可以直接折射出智慧的光辉。

在古代，"桃李不言，下自成蹊"是为人称道的交往观念，意思是说：桃树、李树虽不说话，却因为它们的鲜花和果实而把人们都吸引过来，以至于树下都被踩出了小道。

在当今社会中，人与人的交往强调以吸引力为基础，即使你再优秀、再能干，如果你不会"自我展示"，也不太容易引起他人的注意。

在有限的时间和空间之内，哪怕是初次见面或一次晚餐上，幽默都能让你一展才华，从而给人留下深刻印象。

幽默的特征之一是温和亲切，富有平等意识和人情味。学会运用幽默的方式，能够提升你的个人品位和绅士风度。

巴顿将军由于职业和性格的关系，他对自己家庭的内部管理，也采取了准军事的模式，凸显巴顿的风格。

儿子的卧室——写的是"男兵宿舍"。

女儿的卧室——写的是"女兵宿舍"。

客厅——写着"会议室"。

厨房——写着"食堂"。

那么,他们夫妻的卧室应该挂上一块"司令部"的牌子吧?

可是没有。那上面写的是——"新兵培训中心"。

能够在施展幽默时保持平稳,有绅士风度,能够控制好各种情绪波动,将幽默的语言平淡地说出来,这是高手。因为越是这样,越能和一般的幽默所产生的效果形成强烈反差。因此温和亲切不仅能提升自己的品位和风度,更能增强你的语言幽默效果。

幽默能带给你意想不到的吸引力。你总是可以在幽默中发现睿智的光芒。思路清晰、反应敏捷、妙语惊人是具有幽默感的人的共同特征,他们总是可以从容地面对各种纷繁的场合。下面就以几个竞选的故事,来展现一下具有幽默感的人是怎样用其独特的魅力来保护自己、赢得胜利的。

造谣中伤在欧美官场上是常有的事:

加拿大的一位外交官斯切特·朗宁,生于中国湖北的襄樊,是喝中国奶妈的乳汁长大的。他回国后,在30岁时竞选省议员,当时反对派多次诽谤、诋毁他说:"你是喝中国人的奶长大的,你身上一定有中国人血统。"

朗宁沉着地回击道:"据权威人士透露,你们是喝牛奶长大的,你们身上一定有奶牛的血统。"这真是绝妙的反击,同时又展示了他的机智,朗宁最终赢得了竞选。

约翰·亚当斯参加美国总统竞选时,共和党人指控亚当斯曾派竞选伙伴平克尼将军到英国去挑选四个美女做情妇。其中两个给平克尼，两个留给他自己。约翰·亚当斯听了哈哈大笑，说道："假如这是真的，那平克尼将军肯定是瞒过了我，全部独吞了！"

如果当时亚当斯怒不可遏指责对方的不义，不但不能解释清楚，反而会"越描越黑"。以幽默的语言作答，这种反击不是更加有效吗？最终亚当斯凭借着他的机智、才干和令人羡慕的幽默感当选了总统，并且成为美国历史上著名的总统。

运用幽默，可以让你口吐莲花，舌绽春蕾。

几个朋友交谈，急性子的甲总是打断乙的话，使乙无法完整地表达出意思。这时乙站起来说："对不起，说话要排队，请不要中间插队好吗？"

这句话把大家的注意力都吸引到乙身上来了，甲发现乙抢了他的风头，急中生智，也来了一句："请不要扳道岔！我现在重播一遍自己的观点。"

甲运用幽默的力量表现了自己，扳回了一局。

可是乙又接着说："那好，我也把自己加了着重符号的意见再说一下。"

在这样的层层幽默的推进下，不仅在场的每一个人都受到了感染，甲乙二人也在互动的幽默中展现了自我的非凡魅力。

在当代家庭中，丈夫的事业常需要妻子出面帮衬，以求事半功倍之效。

有一位丈夫，常在晚上把客商带到家里来，让妻子准备饭菜，边吃边谈生意，不到夜深人静不收场。时间一久，妻子吃不消了。尤其有了小孩之后，又操持家务又带孩子，女主人被疲劳压得透不过气来。

后来，她想出了一个好办法，就近找了家小饭馆，丈夫把客人带来时，妻子也出面接待，入席坐定后，她还为每个客人夹菜，一边笑着说："希望筷子的双轨，能给各位铺出一条财路！"

然后说明自己要回家照顾孩子，她转身告退。

这位贤内助美好得体的举止，赢得了客人的欢迎，也博得了丈夫的满意，因为她很好地表现了自己。

要想运用幽默手段表现自我，重要的是要懂得临场发挥，抓住每一个机会为自己所用。像上面的例子就是如此。只要你有足够的机智和智慧，懂得如何随着情境的变化而表现幽默，那么，生活中的每一个瞬间都是你表现自我的舞台。

在美国一个大饭店里，侍女在为一位顾客端上来一份芥末土豆糊时，顺便问道："您是干什么的？"

"我是葡萄牙国王。"

"噢。这个工作倒不错！"

这位侍女的幽默，将当国王看作是一项工作，把自己上升到了和国王平起平坐的地位，很好地表现了自己。

幽默是展现自我魅力的极佳方式，只有具有幽默感的人，才能在社交场合处处赢得他人的青睐和喜爱。

幽默需要有积极的心态

心理学博士凯伦·撒尔玛索恩女士说:"我们的生活有太多不确定的因素,你随时可能会被突如其来的变化扰乱心情。 与其随波逐流,不如有意识地培养一些让你快乐的习惯,随时帮助自己调整心情。"

幽默的人往往不仅自己心情开朗,而且在交往中会感染其他人。 培养一个人幽默的素质可以让我们遇到问题时有着积极心态。

幽默源于理性的机智,犹如舒缓的心理按摩,是一种高级的心理防御形式。 它可以达到增进或缓和人际关系的目的,促进人们的沟通、谅解。 因为幽默是思想情绪、精神欲望和心理能量的一种释放,可以使人愉悦、兴奋、乐观、心胸豁达,使人体的机能在最佳状态下运行,增强抵御不良心态的能力。

相传吴人孙山和同乡的儿子去赶考,孙山名列榜文最后一名。回到家乡,同乡向他打听儿子考中了没有。孙山说:"解名尽处是孙山,贤郎更在孙山外。"后来就称考试不中为名落孙山。

"自嘲"只能用于暂时的调剂,目的是先摆脱困境。 如果一味地满足于自嘲营造的和谐气氛而不图进取、安于现状,人的心情再好、再会幽默也改变不了自身的命运。

幽默是对常规逻辑的解构和超越,是一种非理性的情感逻辑。这个理论适用于人们缓解生活中紧张的人际关系,释放某种焦虑的情绪，是一种用来排解紧张关系的缓冲剂或精神消毒剂。在愁苦的生活中，找寻幽默题材，会给人的心理带来欢乐、脸上带来笑容。有了幽默，我们就可以用微笑来代替苦恼，摆脱苦恼。

著名科学家法拉第年轻时，由于工作十分紧张，导致精神失调、身体非常虚弱，虽然长期进行药物治疗却毫无起色。后来一位名医对他进行了仔细地检查，但未开药方，临走时只说了一句话："一个小丑进城胜过一打医生！"法拉第对这句话仔细琢磨，终于明白了其中的奥秘。从此以后，他经常抽空去看马戏、滑稽戏与喜剧，经常高兴得开怀大笑，愉快的心情使他恢复了健康。

特鲁博士在《幽默就是力量》中说："幽默的力量不能让你从矮变高，或者从胖变瘦；也不能帮你付清账单，不会帮你工作，更不会叫别人对你一见钟情。但是，幽默的力量可以使你对自己的身高、体重，或其他身体特征，比较容易原原本本地去接受；幽默的力量也能帮助你以新的眼光对待经济上的忧虑——也就是说，你的生活会好过一些。"

借助幽默的力量，改善、提高自己的生活质量，让自己的生活充满笑声，是一种心情，也是一种达观的生活态度。

幽默代表着健全的人格

有幽默感，这句话可以认为是对人极高的赞赏，因为他不仅表示了受赞美者的随和、可亲，能为严肃凝滞的气氛带来活力，更显示了高度的智慧、自信与适应环境的能力。

幽默像是击石产生的火花，是瞬间的灵思，所以必须有高度的反应能力与机智，才能发出幽默的语句，那语言才可能化解尴尬的场面，也可能于谈话间有警世的作用，更可能作为不露骨的自卫与反击。

维特门是哈佛大学毕业的著名律师，当选为州议员。有一次他穿了乡下人的服装到了波士顿的某旅馆，被一群绅士淑女在大厅里看到了，便戏弄他。维特门对他们说："女士们，先生们，请允许我祝愿你们愉快和健康。在这前进的时代里，难道你们不可以变得更有教养、更聪明吗？你们仅从我的衣服看我，不免看错了人，因为同样的原因，我还以为你们是绅士淑女呢，看来，我们都看错了。"

但必须强调，幽默并不是讽刺，它或许带有温和的嘲讽，却不刺伤人；它可以是以别人，也可以以自己为对象，而在这当中，便显示了幽默与被幽默的胸襟与自信。

在社交场合，说话带些风趣和幽默更能体现出一个人的修养和礼仪，也表示出其人格魅力。

在公共社交场合，恰当的幽默犹如金苹果落在银盘子中，使你魅力倍增。

　　有一位叫阿丽的女孩，虽然没有出众的容貌和迷人的身材，但为人性情开朗、正直、幽默，许多人和她交往几次，往往就被她的幽默所吸引，不知不觉地感受到她的魅力。

　　有一次，阿丽参加同学聚会，和同学们回忆着大学时代的美好生活。不料主人在招呼客人时，一不小心将一盆水打翻，全洒在了阿丽的脚上，把她那双新皮鞋泼湿了。主人不知所措，显得十分尴尬。

　　阿丽却从容镇定地说："一般正常情况是洗脚之前先脱鞋。"

　　一句话，使满屋的人都笑了起来，难堪的气氛也一扫而光，大家更加佩服阿丽了。

幽默者多有宽阔的胸襟与练达的智慧。

　　有一次，俄罗斯大文豪托尔斯泰去火车站迎接一位来访的朋友，在站台上被一个刚下车的贵妇人误认为是搬运工，便吩咐托翁到车上为她搬运箱包。托尔斯泰毫不犹豫地照办了，贵妇人付给了托尔斯泰5个戈比。此时，来访的朋友下车见到托翁，赶忙过来同他打招呼，站在一旁的贵妇人才知道这个为她搬行李的人竟是大名鼎鼎的托尔斯泰。贵妇人十分尴尬，频频向托尔斯泰表示歉意并请求收回那5个戈比，以维护托尔斯泰的尊严。不想托尔斯泰却表示不必道歉，和蔼地对贵妇人说，无须收回那5个戈比，因为那是他应得的报酬。双方的尴尬顿时化解在轻松的欢笑声中。

幽默也体现出一个人的气量大小。

一位出版社编辑，当别人笑称他聪明透顶时，他居然指着自己的光头笑答："不，早就绝顶了！"

你想，若不是他有相当的自信，怎么可能用别人的话，幽自己一默呢？

相反地，另一个秃头者在别人对他的秃头进行谈论时则勃然变色，这一方面可能是因为对方幽默不得体，刺伤了他，更可能是因为他原本对秃头有极大的自卑。

越是豁达、自信的人，越是富有幽默感；越是自卑、自闭的人，越难以容忍幽默的存在。 不幽默的人并不一定是没有幽默的智慧，而是没有幽默的胸襟；不是因为强烈的自尊，而是因为色厉内荏的自卑。 幽默感是健全人格的重要条件。

幽默使你万众瞩目

幽默的语言通常能给听众带来快乐，在日常交际中，我们可以融入自己的幽默，这样一方面可以调节听者的情绪，另一方面还可以展现自己的语言魅力。不仅如此，幽默还可以使我们万众瞩目。或许只是短短的几句话，就可以令人对你刮目相看，印象深刻。试想，在一个大的舞台上，你说几句风趣的话，惹得台下观众笑声连连，掌声、欢呼声不断，这岂不是万众瞩目？在日常交际中，我们都希望自己一出声就可以引得人们的关注，一现身就可以受大家的喜欢，其实，我们是可以做到的，所具备的条件之一就是幽默。假如你能恰当地表达自己的幽默风趣，那你绝对是最受欢迎的人。

在2000年8月举行的南部非洲发展共同体首脑会议上，曼德拉一连串妙语连珠的幽默话语征服了上千名与会者。曼德拉作为南非前总统出席了开幕式，主要是为接受南部非洲共同体授予他的"卡马勋章"而来。他走到讲台前说："这个讲台是为总统们设立的。我这位退休老人今天上台讲话，抢了总统的镜头。我们的总统姆贝基一定很不高兴。"话音刚落，笑声四起。这时，主持人为他搬来一把椅子，请他坐下演讲。他在谢过主持人后说："我今年82岁，站着讲话不会双手颤抖得无法捧读讲稿，等到我百岁讲话时你再给我把椅子搬来。"会场上又是一阵笑声。曼德拉在笑声过后开始正式发言。

讲到一半,他把讲稿的页次弄乱了,不得不来回翻看。他脱口而出:"我把讲稿页次弄乱了,你们要原谅一位老人。不过,我知道在座的一位总统,在一次发言时也把讲稿页次弄乱了,而他自己却不知道,照样往下念。"这时,整个会场哄堂大笑。"其实,讲稿不是我弄乱的,秘书是不应该犯这样一个错误的。"结束讲话前,他说,"感谢你们把用一位博茨瓦纳老人名字命名的勋章授予我这位老人。我现在退休在家,如果哪一天没钱花了,我就把这个勋章拿到大街上去卖。我肯定在座的一个人会出高价收购的,他就是我们的总统姆贝基。"这时,姆贝基情不自禁地笑出声来,连连鼓掌,会场里掌声雷动。

曼德拉幽默的语言调动了人们的情绪,在那种场合都是极为严肃的,所以在场的人们也不会过多地关注某个人。但是幽默的语言可以给大家带来欢乐,也可以调动他们倾听的积极性。在这个故事中,曼德拉就是舞台上那个受万众瞩目的人,自然,他也是最受欢迎的人。

有个人才30多岁,可是却一根头发也没有了。

一天,他来到一家生发水专卖店,让营业员给他推荐一款生发水。

营业员拿出一瓶生发水,对他说:"这是我们刚到的新货,一天卖好几瓶呢!"

他拿过来,边看边问道:"效果怎么样?"

营业员说:"这样跟你说吧!前几天,有个妇女来买生发水,我给她推荐了这款。她没法打开瓶盖,就用嘴咬,液体不小心沾到了嘴上。三天过后,你猜怎么着?她居然长出了胡子。"

营业员显然夸大了事实,但是却收到了宣传产品的效果,可见她的聪明和幽默。夸张是为了强调事物的某种特征而故意言过其实,或者夸大事实,或缩小事实,让听者对所表达的内容有一个更深刻的认识和理解。

在现代社会,社交已经具有越来越重要的作用,人与人之间互相交往,社交的成功也就是让彼此喜欢,彼此信任,愿意相互帮助、相互支持。虽然,赢得社交成功的方法有很多,不过,幽默的作用却是其他任何方法都无法取代的。幽默,可以让你成为当之无愧的万人迷。

含蓄的幽默令你颇具魅力

古人云:"言有尽而意无穷,余意尽在不言中。"在日常交际中,我们把那些重要的、该说的部分故意隐藏起来,或者故意说得不明显,却让对方明白自己所表达的思想感情,在表达的同时又融入了幽默的元素,这就是含蓄幽默的表达方式。含蓄幽默的表达方式,极具语言吸引力和感染力,能够给人留下深刻的印象。说话含蓄幽默,不仅仅是一种语言表达艺术,而且是一种语言艺术,它直接体现了驾驭语言的高明技巧,这样的表达会让人感受到你的个人魅力。 在日常生活中,有许多话语不便直说,或者不必直说,这时候就需要借助含蓄幽默的表达方式(比如批评的时候)。 直言直语的批评,相信没有谁能够接受,若是遇到心眼较小之人,他有可能会因为生气而为难你,那么,含蓄幽默的表达方式,既表达了自己的建议,又使对方愉快地接受。

有一位商人见到诗人海涅,对他说:"我最近去了塔希提岛,你知道在岛上最能引起我注意的是什么吗?"海涅说:"你说吧,是什么?"商人说:"在那个岛上呀,既没有犹太人,也没有驴子!"原来海涅是犹太人,他马上回答说:"那好办,要是我们一起去塔希提岛,就可以弥补这个缺陷了。"

本来把"犹太人"与"驴子"相提并论,暗骂"犹太人与驴子一样,无法到达那个岛",海涅却以其人之道还治其人之身,回答时含蓄幽默,暗示商人是个驴子,使商人自讨没趣,同时也展现了自我风采。

美国传奇篮球教练佩迈尔所带领的迪尔大学篮球队曾获得39次国内比赛的冠军，使球迷们为之倾倒。可是有一年，他的球队在蝉联29次冠军后，遭到一次空前的惨败。比赛一结束，记者们蜂拥而至，把他围个水泄不通，问他这位败军之主此时此刻有何感想。他微笑着，不无幽默地说："好极了，现在我们可以轻装上阵，全力以赴地去争取第一，背上再也没有冠军的包袱了。"听了这话，记者们纷纷竖起了大拇指。

也许，作为公众媒体的记者想从中挖掘到一些失败的"信息"，但佩迈尔幽默含蓄的表达方式改变了他在记者心中的形象，使记者感觉他并不是一个失败者，而是一个绝对的赢者。

在日常交际中，需要含蓄委婉的交谈。懂得含蓄，学会委婉地表达，可以达到理想的交际效果。说话很直接，这固然是一种好习惯，但有时难免遇到不便直说、不忍直说、不能直说的情景。假如自己有一种想表达的欲望，但又难以启齿，不妨使用含蓄幽默这种巧妙而又艺术的表达方式，它比口若悬河更能达到预期的目的。

幽默是一种绝妙的影响力

有人于 2003 年在网络上发表一篇 1 万多字的长帖，名为《做爱的经济学分析》，从经济学的角度分析了男女之间这个感性的问题，虽谈男女之事，但干净得很，行文幽默诙谐，一举成为网络上著名的热帖，使其影响力剧增。 虽然作者出名，网络也算是一大功臣，但就目前的网络文学，那是铺天盖地，一个文学作品若是没有什么看头，会凭空出名吗？在这其中，幽默诙谐就是最大的看点，当人们忙了一天休息的时候，若是看看诙谐幽默而不用动脑筋的故事，那该是何等快乐，笑容驱散了一天的疲惫和辛苦。 在生活中，一个具有幽默感的人，其幽默的语言和行为会一传十、十传百，比如王朔的冷幽默，出了名的京腔，那在文学这个行业里就是一块招牌。 假如幽默的语言行为中有其思想、观点，那就会有许多人来传播他的思想、观点，那么他所想表达的信息也就被别人了解了。 不管别人接不接受，但影响力确实达到了。

富翁的一个贴身厨子，手艺实在好得没话讲，他为主人烹饪了十几年，却从未得到主人半句诚心地赞美。

这一天，他实在忍不住了，午餐就做了一道"单脚烤鸭"，味道美极了，主人吃得津津有味，但忍不住问厨子："奇怪，这只烤鸭怎么只有一只脚呢？"厨子回答道："我们家养的鸭子都是一只脚的呀，不信的话，您到后院去瞧瞧！"富翁心想哪有这回事？决定到后院一探究竟。

后院养了许多鸭子，中午时分都在休息呢！鸭子休息时，原本都是一只脚站着的，富翁看了呵呵笑着，就拍着手大声吆喝作势驱赶，只见一只只鸭子"呱呱呱"地放下脚来摇头摆臀地跑开，富翁回头对厨子说："哪来的单脚鸭？你看看，下面都是两只脚嘛！"厨子说："原来是一只脚的，不过您给它掌声，它就变成两只脚了！"

或许，构成一个人的影响力的因素是很多的，不过，幽默却是一个不可忽视的因素。在现实生活中，人们的生活形式是固定不变的，或者说在一段时间里是固定不变的，不管你是有一定影响力的人，还是想成为一个有影响力的人，我们都不能否认幽默的作用。当我们的生活形态成为一种周而复始的重复，那我们就会厌倦，而对生活形态进行改造的一种行之有效的办法就是培养和发掘自己的幽默感。因为幽默会使枯燥乏味的生活发生变化，会使按部就班的工作变得有趣，从而让人感觉不到沉闷。

第二次世界大战前，美国国会议员因为军方提出的B-12轰炸机研制计划而争论不休，支持该项计划的罗斯福总统为了说服议员费了很多口舌，还是没有显著效果。

眼看这项议案就要流产了，情急之中的罗斯福不再用严密理性的说辞来做工作，他说："说实在的，对于B-12轰炸机我们都不是特别了解，但我想，B-12是人体不可缺少的维生素，既然现在军方需要B-12轰炸机，我想对于他们来说一定是不可缺少的。"

结果，这项议案居然通过，而B-12轰炸机在后来的第二次世界大战中可谓战功赫赫。在许多人看来，国会议案上肯定都会说一些严肃的理论，所讲究的是理性、逻辑，他们所列举的绝对是精确的数字，因为这样才能为自己的论点提供有力的依据。不过，当我们总是靠事实和道理说话的时候，却还是不起作用，该怎么办呢？像案例中的罗斯福总统一样，幽默一下，很轻易就改变了许多人的态度。我们不能去追究那些议员最后是如何被说服的，但罗斯福那有趣的比喻在某种程度上缓和了双方阵营的矛盾，这样有助于平和理性地去理解对方的意见和观点，而不至于在盲目的对立中做出错误的决定。

曾经有一位病人因牙疼去看牙医，牙医看了看后说："这颗牙已经严重蛀坏了，无法做根治，需要整颗拔掉！"病人问："请问拔一颗牙要多少钱？"牙医回答说："600元。"病人一听大吃一惊，说："什么？拔一颗牙只需短短几分钟就要收600元！"牙医冷笑道："如果你要慢慢地拔也可以，我可以慢慢地帮你拔，拔到你满意为止。"

交际的目的在于可以成功地赢得他人的好感与信任，这本身就是一种人际影响力。当我们学会了幽默，就会变得受人欢迎，甚至赢得无数的掌声。因为幽默可以消除人与人之间的敌意，它可以营造出一种亲近的人际氛围，而且有助于自己和他人变得轻松，从而消除工作中的疲惫感和劳累。在无形之中我们就扩大了自己的影响力，渐渐地，我们在别人的眼中，就会变得可爱，更容易被人亲近。

第二章

职场幽默，让工作成为快乐的事

怎样与幽默型领导相处

传统观念中，领导给下属的感觉往往是不苟言笑、不怒而威。事实上，很多现代企业的主管却正好相反，他们在年轻化、时尚化的环境中自诩为"新人类"，热衷于跟下属打成一片，不但很少摆架子，还经常谈笑风生，工余饭后妙语迭出，有时甚至还来点冷笑话，让大家笑得直捧肚子。这种领导被员工们亲切地称为"幽默型领导"。

领导幽默本来不是什么坏事情，但很多时候，也会让下属因为不知道如何与其相处而苦恼。

人力资源主管老孙跟几位员工一起吃饭，几杯老酒下肚，员工小王就开始向老孙诉苦："昨天晚上我们加班，总经理一进门就给我们讲了个互联网上的陈年段子，这东西大家都看了N回了，当时怎么也笑不出来，可还得装出忍俊不禁的样子，在他抖包袱时还得看准机会哈哈狂笑一阵。"旁边的员工也叹道："我们陪老总加班已经够累了，还得赔笑，做个好员工可真难啊！"

老孙是过来人，深知"百姓疾苦"，借着微微醉意，他也实话实说："我跟一把手在一起时，万一他要兴致来了，我也是如临深渊啊！不过话又说回来，既然领导自以为有幽默感，我们就'曲意逢迎'好了，只要技巧运用得当，还是能哄得领导开心不已！这对大家都好。"

"你是怎么做到的?"大家一副愿闻其详的样子。于是老孙就开始兴致勃勃地为大家讲了起来。

1. 面试时遇到幽默考官

考官面试的时候,如果经过踏破铁鞋的辛苦寻觅,"终于相中了一匹好马",很容易会兴奋一把,一下子就不由自主多讲了些题外的笑话。

识时务者为讨老板欢心,自然也识相地把幽默效果夸张,明明是嘻嘻一笑却"倍增"成捧腹大笑。不要只是掩着嘴巴咯咯笑个不停,而要表现得自己被逗得不能自持,最后还不忘恭维一句:"经理,您可真是一个平易近人又有幽默感的好领导啊!"

平日感慨"弦断有谁听"的领导,如今受到"知音"如此追捧,霎时间就觉得自己是卓别林再世、周星驰的兄弟,必定马上拍板说:"明天来上班吧。"

2. 试用期的顶头上司

能否讨好顶头上司,对一个新人来说可谓是至关重要的,是去是留,别人说了不算,唯有顶头上司的评语最有"杀伤力"。

这段时期,如果你的顶头上司会偶尔主动离开自己的办公室,走到你所在的办公区来讲幽默故事,不管"笑果"如何,你一定要不失时机哈哈大笑,仿佛上司是可口可乐,张嘴就能乐。顶头上司看到你们被逗得前仰后合,误以为大家都真的能听懂他的笑话,自己不禁洋洋得意,脑门简直比喝了茅台还热。新人中的脸皮最厚者甚至还会当着"老大"的面,把笑话再给旁边一位不幸没听到故事原版的同事复述一遍,让后者接力演下去,直至笑声蔓延到每张办公桌。

等试用期一过,最有幽默细胞的新员工最有可能得到"沟通能力高、团队精神强"等好评语，乃至利索地成为顶头上司的"心腹"、公司重点培养的对象。

3. 稳步上升时期的幽默员工

处于稳步上升时期的员工，一般都是在公司打拼了一段时间的"老人"了，都已经深谙与幽默型领导相处之道。这时候你的身份，就相当于讲相声中的"捧哏儿的"。

要扮演好"某乙"的角色，跟"某甲"一唱一和的诀窍，绝非插科打诨、奉承附会、拍手大笑那么业余。这个为上司"系包袱"的光荣任务相当艰巨："某乙"应在"某甲"讲故事的过程中一再打岔、反复追问，而"某甲"却偏偏答非所问，把听众带到与真相迥然不同的境地中去。如此反复，当疑云重重、误会迭起、听众的胃口被推至顶点，也就是包袱扣子系牢时，"某甲"才一语道破，干净利索地抖响了包袱。

注意：当众人爆发出大笑以前，"某乙"是绝对不能先笑的，甚至在包袱抖完以后，还得装着仿佛"不太明白"，不断重复那个引起一系列误会的关键词，继续为大家"挠痒"。

4. 进入瓶颈时期之后

在公司待了四五年，下属跟领导的关系好比中年夫妻了，虽然没有情感裂痕，激情燃烧的岁月却早已逝去。如果偏偏遇到公司效益欠佳，薪水几年不见长且各种奖金福利相继被砍，员工不但升迁无望，同时还要担心被"精简"，这时候领导手里再也没有什么可以"激励"下属的甜头，下属就更有理由得过且过、敷衍了事。此时领导讲笑话，下属可能连嘴角都懒得翘，有些人还会"残忍"地实话实说："这个笑话根本不好笑。"领导可能会以为下属们的幽默细胞死光了，其实是下属们从来都没有什么幽默细胞，昔日的大笑完全是出于奉承！

5. 准备辞职时期

某次宴席酒酣耳热之际，领导兴致一到又开讲了，结果一位优秀员工打断说："这个笑话是老段子了，一年前我就听过。今天让我来讲个新段子。"众人心领神会，听罢新段子齐声"嘎嘎"开怀狂笑，把"失宠"的领导冷落在一边尴尬地干笑。此时尝到坐冷板凳滋味的"老大"也许能猜到：在座诸位也许早就做好跳槽的准备了，只差没有正式递交辞呈而已。

幽默管理，"笑果"更好

从管理的角度来看，幽默应该成为一个领导者的手中宝。当今社会，竞争在加剧，经济越发动荡，企业员工面对着超乎寻常的压力。对公司而言，如何保持员工的士气，同时又能激发他们的创造性和"突破桎梏的思维"，显得比任何时候都重要。

美国加利福尼亚州太阳微软件系统公司的技术人员们，每年都要精心策划一场"愚人节"闹剧。有一次，公司总裁斯格特·卡尼拉上班时发现，他的办公室变成了一个微型高尔夫球场，而且满是用沙子弄成的小陷阱。公司管理人员没有把这番闹剧和肇事者加以惩处，反而对他们的行为大加赞赏。他们认为：这种闹剧（幽默）不仅可以使员工们在工作中通力协作，而且还可以鼓舞士气。

在管理中，幽默还是一种非常有效的减压方法，在压力极大的情况下，一句幽默能让人马上转变心情，鼓舞团队士气。如今大多数管理者都喜欢采用立军令状的办法分派任务，这样一来，时常会给下属造成巨大的压力。假如通过幽默办法，或许更能激励下属。

幽默的领导比古板严肃的领导更易于与下属打成一片。有经验的领导都知道，要使身边的下属能够和自己齐心合作，就有必要通过幽默使自己的形象人性化。

某著名跨国公司董事长在给员工演讲时，静静的会场上有人放了一个响屁，与会者的眼睛全睁得大大的，紧张地注视着主席台上这位平时不苟言笑的老头子，等着他的"万钧雷霆"。董事长扫了会场一眼，摘下眼镜说："我们生活在一个民主的国度里，有意见可以站起来提，不必在下面抗议。"幽默的语调使全场发出了潮水般的笑声。

这次会议，是该公司有史以来最成功的一次会议。我们不能否认这多半应该归功于董事长的幽默。但是，反观有些领导，开展工作时总是习惯板着脸，满口的官腔，生怕别人不把他当领导，这种做法却无形中疏远了和下属的关系。

实践证明，幽默的领导，永远比到处发"官威"的人更受欢迎。领导者需要幽默，因为有些时候，会运用幽默的技巧甚至比传统的施政手段更能发挥奇效！

获得赏识的幽默术

勤奋工作的业绩是赢得荣誉的基础，而工作业绩的认可主要由上级领导决定。因此，能不能赢得上级领导的赏识、肯定和支持就决定着能不能获得荣誉。对于许多职员来说，最大的苦恼莫过于工作努力，却得不到领导的赏识。美国人力资源管理学家科尔曼说过："职员能否得到提升，很大程度不在于是否努力，而在于老板对你的赏识程度。"那么，怎么才能脱颖而出呢？对上述问题很苦恼的人或是想要有一番作为的人，可以试试在领导面前化严肃为幽默的交流方法，或许有收获。

某公司开始实施销售业绩倍增计划时，主管召集下属严厉地训话："各位，现在是我们加油的时候了。从明天开始，早上七点半大家就要到这里集合。八点钟一响时，大家就要立刻向外去推销！"大家都不满地抱怨时间太早。这时有位凡事讲求效率和正确性的员工，不慌不忙地反问道："请问，是时钟开始敲八下时，还是敲完八下才往外跑？"

主管过于严格的要求可能会招致他人的不满，这时上面这位聪明的员工就使用幽默的语言把众人的注意力转移到自己的身上，使尴尬紧张的气氛重新轻松下来。员工的这个幽默既帮了主管的忙，又使主管看到他较强的时间观念，从而获得主管的赏识。

领导不论身居什么样的要职，也都是人，不是神，他一样会有普通人的喜怒好恶，也可能在个人喜怒好恶的支配下说出一些令人尴尬的话，做出一些有可能招致误解的举动。此时，下属应抓住人们对领导言行错愕不解的心理，采取适当的举动顺水推舟，把领导无意说出的过于直白、犀利的话朝幽默的方向引导，使人们认为领导在开玩笑，从而放松了紧张的情绪。这就让领导觉得你是和他站在一边的，你自然也就获得了领导赏识和信任。

要想获得领导的赏识，幽默有一定的作用，不过要想从根本上解决问题，还需要你对自己的客观情况进行深入思考。如果你工作得很辛苦，但却没有效率，则得不到领导的赏识，也是可以理解的。如果你的工作有成绩，同伴中谁都比不上你，还要考虑你的工作性质，是否属于那种经常加班、特别辛苦忙碌的工种，像文秘人员、勤杂人员等，而如果以上情况都不是，那你就有必须另想办法来引起领导的注意，改变其看法。假如仍然不起作用，你就要考虑离开该企业，去寻找能实现你个人价值的工作单位。

幽默地处理好同事关系

　　同事间有什么心事，如感情、事业、家庭等问题，都喜欢找你倾诉，认为你很能体谅别人，是个最好的听众。你不仅会很耐心地倾听别人的心里话，而且，如果你有能力帮助同事排除烦恼的话，你会热心尽力。即使事情不是力所能及的，也会给予适当的安慰。如果这样，有谁会不愿意和你做朋友呢？除了这些，如果你有自己的特点，能发展一个自己独特的幽默方式就再好不过了。自己独特的幽默方式是专属个人的，任何人都学不来，所以会更有威力。

　　如果能打开幽默的心扉面对人和事，你便会发现：欢笑的功能可以使你们坐下来把事情解决。

　　阿花和小丽是多年的同事，两人隔桌而坐，情同姐妹，彼此也有着良好的默契。但有时也难免发生冲突。有一次，为了处理上司交代的事情，两人有不同的意见，在相持不下的情况下，她们居然发生严重的口角，后来相互冷战，形同陌路。到了第五天，阿花实在忍受不了这样的工作气氛，为了打破僵局，于是趁小丽也坐在座位时，她就翻箱倒柜，把办公桌的抽屉全部打开来翻找一番，这时，小丽终于开口说话："喂，你把所有抽屉打开来，到底在找什么？"阿花看看小丽，幽默地说："我在找你的嘴巴和声音啦！你一直不跟我说话，我怎么跟你讲话！"两人扑哧一笑，重归于好。

幽默的观点能使我们对同事的行为着眼在它的光明上，而不是着眼在它的错误和缺点上。不论怎样，我们应去了解并接受人性的小错，增进更好的工作关系。

有一次发薪水的时候，小李的工资卡里面竟然分文没有。但他没有气得暴跳如雷，也没有破口大骂。他只是去问发薪水部门的人说："怎么回事？难道说我的薪水扣除，竟然达到了一整个月了吗？"当然，小李得到了补发的薪水。

小李对同事偶犯错误持一种宽容的态度，而不把它看成一件了不得的事情，批评谩骂同事的愚蠢。他以幽默的方式与同事分享了愉快的果实。这也正是泰然处之的幽默所要收到的效果。

我们要巧用幽默口才来与他人沟通！以建议的方式来代替批评，对工作上出现的问题，和你的同事一起轻松面对。那么你和你的同事就都会有一种轻松的感觉。如果我们以尖刻的批评去对待一位工作没有处理好的同事，就会造成失败的局面。那位同事会失去他的自信心，而我们会失去他的信任，得不到成功的合作。如果能"以对方为中心"，了解他人，就能打开沟通的途径。

也许我们以幽默力量能为他人做的，最重要的是帮助他人消除因工作带来的紧张、驱逐挫折感，并且顺利地解决问题。

我们如果不能领略到别人的幽默对自己的裨益，也就不太可能以自己的幽默来激励他人。为了表现我们重视别人所带来的好处，应该时时刻刻保持乐观的态度，同别人一起欢乐。

你对同事说："唔！我看得出你知道怎样把事情办好的秘诀。而且你也知道如何守秘不宣。"

或同事对你说："谢谢你把你的一点想法告诉我。我很感激——尤其是当你的业绩如此低落之时。"

有时候我们在工作上、在与同事之间的关系上，都需要更肯定一些来表达自己。在遇到阻挠、遭受到不公平待遇、工作不顺、有所不满、情绪低落时，不妨大笑两声。

一位男士对即将结婚的女同事打趣说："你真是舍近求远。公司有我这么优秀的人才，你竟然都没有发现！"女同事开心地笑了。

对于上面这位男士的幽默，女同事不但没有反感，反而感激他的友谊和欣赏。欢乐的气氛荡漾在同事之间，这是多么弥足珍贵的友谊。

报刊、出版社的编辑与撰稿者之间是一种合作关系，如果合作期间能适时幽默，那么双方的工作都会进展得更顺利。

美国作家杰克·伦敦许诺给纽约的一家出版社写一本小说，但却迟迟没有交稿。

出版社编辑一再催促均无结果后，便往杰克·伦敦住的旅馆打了个最后通牒式的电话：

"亲爱的杰克·伦敦：如果24小时内我还拿不到小说的话，我会跑到你屋里来，一拳揍到你鼻梁上，然后一脚把你踢到楼下去。我可从来是履行诺言的。"杰克·伦敦回答说："亲爱的迪克：如果我写书也能手脚并用的话，我也一定能履行自己的诺言，按时将书交到你的手里。"

编辑与作家之间的玩笑说明了他们亲密无间的合作关系。而作家为自己不能交稿所做的辩解更是巧妙。

因为合作关系不是领导与被领导的关系，处理事情应该平等协商，相互提意见，表示不同看法也应客气委婉些，不能伤了和气。以幽默语言来表达是比较高明的办法。

> 歌唱家狄诺·帕蒂拉举行独唱音乐会，那位钢琴伴奏自顾自弹得很起劲，以至琴声经常盖住歌声。帕蒂拉虽然几次向他暗示，可他全然不加理会。
>
> 演唱会结束以后，帕蒂拉与自己的合作伙伴——钢琴家亲切握手，并谦虚地说："先生，今天我很荣幸，能参加您的钢琴独奏会。"

歌唱家用幽默语言表达出了对合作伙伴的不满，又照顾了对方的面子，是一种巧妙而得体的化解冲突的方法。

幽默的力量使得给予和获得的双方都能认识到共同的问题，让彼此站在对方立场来看问题。

有幽默感可以赢得客户的合作

一般来讲，客户对于突然闯入的销售员都会采取冷漠的态度，很少有人会说你来得正好，就像及时雨之类的话。

一次，一位推销新手向老推销员诉苦："我干不了这差事。我每到一个地方，就受人侮辱。"

"是吗？那太糟了，"老推销员很同情地说，"我从没有过这种感觉。多年来我到处旅行推销，我拿出来的样品曾经被人丢到窗外，我自己也曾经被人推出去。但是我想我还算幸运，我从来没有被人侮辱过。"

这位老推销员以他的亲身体验向我们说明了推销员应有怎样的幽默态度。

幽默可以制造你与客户的笑声，使顾客在笑声中接受你的产品。如果你正和爱挑剔的顾客打交道，幽默是最有效的工具。

在一个汽车展示会上，一对年轻夫妇对一辆汽车的价钱颇有微词。

"这几乎等于一辆大卡车的价钱了。"太太抱怨着。

"当然，如果您喜欢大车的话，同样的价钱，我可以卖给您两台大型拖拉机。"

面对顾客的抱怨,销售员运用幽默技巧表达了他所推销的小型车是物有所值的,在令顾客笑的同时,更容易获得顾客的认同。

讲了这么多故事,到底如何使用幽默这个有力武器来争取到与客户的合作呢？下面有几点建议:

(1)在开口之前先试着判断客户是哪种类型和风格的人。正确的幽默对你的帮助多大,错误的幽默对你的损伤就有多大。

(2)巧妙地插入幽默的谈话会使顾客喜欢上你。但要提醒的是:任何时候都不适于对不熟悉的人使用政治、种族或宗教幽默。

(3)你也可以讲一讲个人经历而不是瞎编乱造一些无厘头的幽默故事。比如你在办公室里、在家里或者孩子小时候的趣事。你还可以把幽默故事记录下来,在下次同客户谈话时,就能很快地记起有关上次谈话的内容。

(4)你还可以把问题变成机会。比如你想在电话中用30秒介绍一下产品。顾客问:"怎么收费?"你可以说:"噢,这个电话是免费的。"轻松幽默的氛围的确有利于你成功地推销产品。

做一个幽默的领导者

美国一项针对 1160 名领导者的调查结果表明：77％的领导者在员工会议上用讲笑话的方式来打破僵局；52％的领导者认为幽默有助于其开展业务；50％的领导者认为企业应该考虑聘请一名"幽默顾问"来帮助员工放松；39％的领导者提倡在员工中"开怀大笑"。可见，幽默领导力，已经成为一种新的、有效的主流管理时尚。

幽默大师卓别林曾经说过："幽默是智慧的最高表现，具有幽默感的人最富有个人魅力，他不仅能与别人愉快相处，更重要的是拥有一个快乐的人生。"对中国人来说，"幽默（humor）"这个词是不折不扣从英文直接翻译的"舶来品"，中国人向来使用的形容词则是"诙谐""滑稽"等等，所有的幽默都来自"机智"，这和"搞笑"不同，好笑的事情不见得就是幽默，幽默可以反复咀嚼，值得一看再看，一想再想。

领导学是一门古老的学问，新兴的学科。幽默是领导活动不可或缺的方法，它也像这门古老学问一样具有悠久的历史。领导者大多喜欢幽默，也许是因为它在领导活动中能够创造轻松、活跃与欢乐的气氛，收到意想不到的效果。德国的威廉皇帝因为缺乏幽默感，而让大臣们敬而远之。威廉二世总是高翘着胡子，好像永远在跟谁生气似的，令人感到可怕。有些伟大的领袖或者政治家，如富兰克林、林肯、罗斯福、丘吉尔等就非常具有幽默感，并且普遍受人爱戴。

所谓幽默领导力，就是指领导能够通过轻松风趣的方式来化解尴尬、窘迫局面的能力。在现今社会，做好领导工作就必须做好沟通工作，而幽默中所体现的智慧往往使沟通更顺畅有效，使下属在幽默中得到启示，使持有反对意见的人在谈笑中败下阵来。幽默领导力是现代领导者必须具备的重要能力和素质，领导者运用幽默的方式对组织进行管理和领导，以使工作环境变得轻松自在，增强团队凝聚力。

美国的一些企业就曾经做过实验，证明幽默确实能够改善生产力，提升士气，并有助于团队合作。某些企业甚至让员工接受幽默训练，想尽办法增加员工的幽默感。在科罗拉多州的迪吉多公司，参加过幽默训练的20位中级经理，在九个月内生产量增加15%，病假次数减少了一半。

美国一家猎头公司，对737名主要的高级管理人员就他们选择人的标准进行了采访。在这些接受调查的主要高级管理人员中，98%的人说与古板的工人相比，他们会雇用一个具有良好幽默感的人。同样，如果一个人有幽默感，他就更加有可能被提升到经理的职位。

工作的第一个前提是：绝不呆板、无聊，而是应该好玩。若不好玩，你就在浪费生命。请你以身作则，认真对待工作，轻松对待自己，为工作环境营造出幽默气氛。席伯特是JC培尼公司前任总执行长和董事长，他曾说过："几乎我认识的每一位在组织内的高层人士以及执行总裁，都有极高度的幽默感。我见识过多家公司几千次会议，谈的都是严肃的主题，但是将它们共同贯穿起来会觉得很幽默。有幽默感，可以帮助你在处理纯粹技术性的资讯，或是在情况不甚明朗的困难决策时，保持清醒的头脑。"

美国著名心理学家吉尔福特通过研究发现，具有较高创造力的人往往具有以下特点：独立性高、求知欲强、好奇心重、知识面广，以及丰富的幽默感。而对于领导者来说，幽默感是亲和力的直接表现，也是与下属沟通的金钥匙。 幽默是一种值得推崇的心理特质，而有幽默感的领导往往也会受到更多的追捧。 古今中外，大到民族领袖，小至企业总裁，如果能适时地展露一点儿自己的幽默天赋，必然会受到下属更多的爱戴！

不少领导者都很迷惑——什么才叫有幽默感？ 这个标准实在很难把握，因为每个人对事情的感受程度不同，有人碰到某些状况会认为好笑，因为他有过相同的经验，但另一些人可能就会觉得无聊。大多数人的生活是很苦闷的，而"幽默感"则是人对于悲惨命运唯一的反击。 我们每天只要一出门就会看到一大堆令我们不舒服的事，何不利用幽默感来放松自己？ 有一句话说："幽默感就像男人的前列腺一样重要。"因为，它是人与生俱来的一种天赋。

不少中国人对于"幽默领导"多少有点抵触。 在传统的中国人看来，幽默总是和下流的黄色段子、东方朔式的滑稽相提并论，于是民间就有了"包公笑，黄河清；嬉皮笑脸不正经"的说法，中国人对领导幽默的误解还在于长期以来的封建等级意识以及官本位思想，这要从两个方面来说：

第一，从领导者看，等级观念的存在使得他们不愿和普通老百姓亲近，他们远离大众既是为了保持一定的神秘感，让老百姓觉得他们高高在上，也是为了保持距离感，以示自己的领导权威不容侵犯。 第二，从群众角度看，两千年的封建统治已经使老百姓对官员、领导的形象固定化、模式化，他们从心里对领导存在敬畏感，他们所见所听到的领导都是一脸严肃、不苟言笑，如果领导幽默起来，他们反倒觉得领导嬉皮笑脸，不够严肃，继而觉得领导的能力和水平不行，甚至会觉得领导只是在作秀。

领导者应该运用幽默的方式对公司、企业、员工进行管理，以使工作环境变得轻松自在，增强团队凝聚力。 领导幽默作为一种幽默行为或言语,是指领导者讲话诙谐风趣,在面对员工或同事时能不失时机地幽默一下,做到活泼而不失庄重。当今社会,局势复杂,风云突变,一个领导在面对复杂局面和下属管理时应该表现出怎样的气质和魅力?应不应该有幽默?应该怎样幽默?请看下面的案例:

几位公司高层经理在公司招待所聚餐,以庆祝业绩上扬。由于都是一级经理,公司特别加派一位新进职员随桌帮忙。上完菜后,那位年轻职员为经理们逐一斟酒。谁知道——因为过度紧张,他一不小心,把一瓶酒全倒在一个秃头的经理头上,而这位经理正是公司的总经理。

这时,在场的人全愣住了,不知如何是好。而那位闯祸的职员更是满脸铁青,全身发抖。在这尴尬的时刻,只见那位总经理用餐巾擦了擦头,然后笑着对年轻职员说:"老弟啊,你以为用这种方法就能治好我的秃头吗?"

故事中的经理懂得幽默,在下属突然面临尴尬的时候,及时幽默了一把,帮助下属化解了尴尬。

一天,赵经理为活跃团队文化生活,组织员工联欢。他请大家唱歌,但大家相互推托,均表示"唱得不好",出现冷场。赵经理大为不满,强调指出:"今天唱歌有一个要求,那就是谁都不许唱得好听,必须怎么难听怎么唱,越难听越好!"然后,赵经理指名新职员汪峰首唱,汪峰不得不唱。汪峰唱完后,赵经理带头鼓掌喝彩:"好!唱得非常好,完全符合我的要求！"赵经理几句幽默的话，让联欢进行得很愉快，也让下属喜欢上了赵经理。

故事中赵经理为了团结下属，让大家唱歌，出现了冷场，急忙幽默了一把，对下属开起了玩笑，顿时让场面活跃起来。这样的幽默既让下属感到贴切，又能打破冷场。可见，恰如时机的幽默可看出一个经理的睿智，懂得开玩笑的经理更容易赢得下属的信赖。所以，幽默就像一把钥匙，会打开下属心中的锁，巧妙地运用它，不仅会打开彼此心中的结，同时还会增强彼此间的感情。

这就是领导者拿自己"开涮"的例子。作为企业高管的领导者，应该懂得幽默，懂得开玩笑，更要懂得拿自己"开涮"，才能拉近与下属之间的距离。难怪有人会说："没有幽默感的语言是一篇公文，没有幽默感的人是一尊雕像，没有幽默感的家庭是一间旅社，而没有幽默感的社会是不可想象的。"

领导者应该以认真严肃的态度做事，但是不能不苟言笑。我们也许不会嘲笑公事上的错误，但是在纠正错误的时候，也不能让它阻碍公事的正常运转，领导者能够，也应该设定这种工作步调。如果我们实施工作方案是为了成功，就应该维持乐观的气氛，这时领导者应该自己先表现出乐观，继而带动你的团队。

为了销售额的下降而在脸上显示出愁云惨雾的销售领导将会发现：他的悲观具有感染性。摇头叹息并不能激励别人，也不能感动正在谋求改进的上司。然而乐观加上切实的努力，却能产生一种美妙的组合，有时你会为这种奇妙的力量所感动。这可以激励和引导部属，这是领导者应该扮演的角色。部属喜欢替那种不把失望当作一回事，只会卷起袖子朝前努力的领导者工作。

领导行为和领导风格理论又从另一个方面证明了幽默对领导行

为有效性的影响，它们主要分析有效的领导是否取决于领导者的行为或风格特征，比如执着、幽默、正直和诚信等。领导使用幽默主要有三个目的：第一，减轻工作场所的压力；第二，帮助员工明白领导者的意图；第三，激励员工。一个好的领导要善于识别、使用幽默的机会。正如幽默领导的提倡者乔尔·古德曼先生认为的那样，领导者应该认识到这样一个事实，幽默不只是儿童之间嬉戏的工具，开心的欢笑与提高生产效率是相辅相成的。

众所周知，美国政坛中，每个政客都要接受幽默的训练，人们甚至有种潜意识：在美国政界，一个不具幽默感的人是不配从政的。

第二次世界大战胜利前夕的一次主攻战役期间，美国将领艾森豪威尔在莱茵河畔散步，这时迎面走来一个神情很沮丧的士兵。士兵见到将军，一时紧张地不知道说什么才好，而艾森豪威尔笑容可掬地问这个士兵："大兵，你感觉怎样？"士兵如实相告："将军，我特别特别紧张。"

"哦。"艾森豪威尔将军答道，"那我们可是一对了，我也同样如此，所以也走出来散步。"几句话就使那个士兵放松了下来，并明白了将军的意图，所以两人很自然地聊起天来。艾森豪威尔将军并没有直接对这个士兵的紧张做出批评，他知道大战前夕士兵紧张是很正常的事，所以，他幽默地转换角度，说自己也同样紧张，以此来消除士兵的紧张感。

幽默运用在企业管理方面的案例也有——科罗拉多州宾馆员工们观看幽默录像并参加幽默计划的活动后，情绪低落的时间减少了

30%，而工作满意度提高了75%。欧文斯大酒店解雇了40%的员工，在人心动荡之际向麦特尔卡夫求助，在2个月内对1600多名员工施行了幽默计划，开展了各项幽默活动，从而顺利渡过了危机。所以说，幽默管理在企业是大有用武之地的。随着社会的进步，幽默管理也将会有大的发展。

当然，对于领导者来说，幽默感亦要有所节制。它必须让别人知道是幽默，而不是轻薄，也就是说，幽默也要适度。总之，如果你想成为一个受欢迎的领导者，如果你想增添自己的魅力，如果你想让自己变得轻松快乐，那就学一点幽默术，做一个幽默之人吧！

第三章

社交幽默：让你的沟通更顺畅

因为幽默，在社交场中游刃有余

从社交礼仪来看，幽默会使人产生不尽遐思的温馨，并留下较为深刻的印象。

斯库特去拜访一位女性朋友，女佣告诉他："十分抱歉！小姐要我告诉你，说她不在家。"

斯库特说道："没关系，你就告诉她，我并没有来过！"

经过这样的幽默处理，斯库特以善意的话语表达了自己的心情，并对女主人避而不见的做法进行讽刺。

在社交场中，我们经常会去参加一些宴会活动，而宴会中又常常是生面孔多于熟面孔，往往会使人相当窘迫，但这也是我们练习幽默交际的最佳场所。你是否了解那些善于交际的人和自己有哪些方面的差异呢？与社交水平一般的人相比，他们不仅仅是更加不怕与陌生人交流，也不仅仅是他们脸皮够厚，他们之所以能在社交场中显得轻松自如，更重要的是他们大都掌握了多种社交技巧，幽默就是其中很重要的技巧之一。

像下面的这个幽默故事中的人物行为，相信你也有办法在社交场中演练一番！

某个盛大的自助餐式酒会上。因为主人事先预备了各式各样的美酒，客人们全都赞不绝口。

某位被公认为酒仙的仁兄，在宴会一开始就在朋友之间来回地寒暄道："哦！对不起，在下先行告退了！"

当他一路来到女主人面前时，女主人知道此仁兄是酒道高手，不禁诧异地问道："怎么，您要回家了呀！是不是有什么地方招待不周呢？""哦！不，不，您的招待真是太周到了，我是怕我如果一开始喝的话，一定会分不出来东南西北的，所以我想先行告退……"

如果你也喜欢喝酒的话，你就会很容易看出这位仁兄的聪明幽默之处了。面对那么多的美酒，他当然是不愿意错过的，可是他又怕自己喝醉了以后会出丑，所以他就在喝酒之前为喝酒之后可能出现的情况做好铺垫，然后他就可以尽兴地享受美酒了，因为他明白主人当然不会因为他有可能喝醉而答应让他回去。

幽默有助于社交活动，但社交中或许有不少的大牌人物在，这时候的幽默就要注意避免过于出格。

以幽默获得他人的同情和谅解

每个人都是社会中的一员。有时，在工作中，在家庭中，或在异性朋友的交往中，难免会遇到各种摩擦和碰撞，特别是会出现一些尴尬的事件，这时，就需要随机应变的幽默与机智来缓和气氛。比如说，要求对方把借你的东西归还，实在是件很困难的事情。如果太直截了当，就很容易伤了对方的感情。但打油诗高手小王，就利用打油诗收回了人家向他借的雨伞。

小王有位好朋友名叫陈某。小王把自己唯一的一把雨伞借给了这位好友。可是过了很长时间，这位好友都始终不提要还伞的事。小王真可谓足智多谋，他做了一首打油诗：

"我在湿淋淋的日子里借给你伞，含有无比的热诚。请在未破损之前，赐还予我吧！"

收到这首诗的陈某也回了两句：

"由于无话可说，我就闭上嘴巴还给你吧。"

她立即派人把伞送去了。

有时候夸大一点自己的缺点，能够消除自己的自卑感，以幽默获得别人的理解和同情，还能收到有趣的效果。

英国有位很胖的作家常常这样回应朋友们对他的体重的担忧："我比任何男人都多三倍的仁慈，因为我在公共汽车上只要站起来让位，就能同时令三位女士受惠。"

用幽默的方式表现原原本本的你，同样也能获得他人的认可和尊重。坦诚开放地与人相处，有时能获取我们自己也会怀疑的安全感。通过幽默的力量，我们比较能承认这种不安全感，而不至于把它看得太严重。然后我们能够消除疑虑，强化自我观念，扎稳人生的根基。而且我们无须担心会过于坦诚开放，因为我们能深信自己的缺点、背景以及过去和现在的环境，通过幽默的方式已经得到了大家的理解，并得到同情和尊重，这会比过去我们试图掩饰逃避要好。

也许你觉得你生错了时代，或生错了地点，或生错了家庭；或者你为过去的经济环境感到困窘，生怕有人提起。我们要提出一些方法，可以发挥幽默的力量来跳出这些小小的困境。同时你也可以自己发明自己的方法来用。

"我们从来不穷，也没挨过饿，只是有时会把吃饭的时间向后延迟罢了。"

"我出身于穷苦的家庭，在我很小的时候，别的小孩做飞机模型，但我做的是汉堡面包模型。"

当幽默帮助我们在情绪上坦诚开放时，我们和周围的人都会感到舒服。每个人都有自己的难言之隐，许多卓有成就的伟人，都向我们显示过，应该对个人的过去和成就如何应对。

幽默寒暄能够拉近心理距离

寒暄是人们日常交流中的一项重要内容。因为经常见面的熟人，不可能总有很多话要说，也没有多余的时间一见面就站在路边长聊。而一旦遇见了熟人，如果因为嫌麻烦而不打招呼也过于不近人情。

但是过于一般的寒暄常常使人觉得生活乏味。为了增添生活乐趣，维护良好的人际关系，我们可以试着在寒暄的时候打破常规，注入幽默元素。下面是一个典型的幽默寒暄故事。

连续下了好几天的雨，某公司的几个同事见了面，一个人说："这几天怎么老是下雨啊？"一位老实的同事按常规作答："是呀，已经6天了。"一位喜欢加班的同事说："嘿，龙王爷也想多捞点奖金，竟然连日加班。"另一位关注市政的同事说："地产所忘了修房，所以老是漏水。"还有一位喜爱文学的同事更加幽默："嘘！小声点，千万别打扰了玉皇大帝读长篇悲剧。"

加入了幽默成分的寒暄的确与众不同，既活泼又风趣，一下子就拉近了人与人之间的距离。

许多有幽默感的老年人喜欢晚辈和他们开一些善意的玩笑。所以，当你刚出门就遇见老年邻居时，你就可以幽默地和他们寒暄一番，这样很容易就能和他们搞好关系，他们还会逢人就夸你会说话呢。

一个大热天，小王赶早趁天气凉爽去公司上班。她刚出家门，就看见邻居刘大妈在树荫下练腰腿。她走过去神秘地对刘大妈说："大妈，这么早练功，不穿毛衣小心着凉啊。"一下子逗得刘大妈哈哈大笑，笑着骂道："你这个鬼丫头！再不走你上班可要迟到了，现在都9点多了。"小王一听赶紧看表，才8点。看到刘大妈在那里得意地笑才知道自己上当了。以后，每次刘大妈见到小王都非常主动地和小王打招呼，逢人就夸小王聪明伶俐，还张罗着给小王介绍对象呢。

现在人们的生活水平提高了，人们都喜欢以"夸别人富有"作为寒暄中的话题，尤其在农村，这种看似俗气的寒暄更是常常发生。其实，在寒暄中逗乐似的夸别人富有，也会收到很好的幽默效果。

李大娘午饭后恰好遇到大刘，大刘常规地寒暄道："大娘，您吃过午饭了吗？"李大娘既然被称作大娘，自然年纪不小了，可是她整天乐呵呵的，好像比大刘还年轻。她回答说："嗬，还没吃呢。你中午吃什么好东西了，也不请大娘我去吃，瞧，现在还满嘴都是油呢！"

李大娘幽默地夸赞大刘的生活过得好，她对大刘的假责怪显得很亲热、愉快，很自然地就拉近了她与大刘的距离，也成功地塑造了自己平易近人、和蔼可亲的长辈形象。

幽默可以让你结识更多的朋友

在交际场合，我们最终的目的是与陌生人成为朋友，所追求的是一团和气，而不是争执、冲突。谁朋友比较多，谁就是最大的赢家，因为朋友就是人脉。俗话说："在家靠父母，出门靠朋友。"假如在交际场合中我们可以多交一些朋友，经常与朋友谈心、聊天，就会慢慢地拓展我们的交际圈子，我们所了解的信息也就越来越多，而且，在与朋友的相处过程中，我们可以以他人之长补己之短。若是遇到了什么难过的事情，或遇到了什么重大的困难，身边的朋友也可以为我们出出主意。伤心难过的事情，可以找朋友倾诉；开心幸福的事情，可以跟朋友分享。虽然，这是众所周知的道理，却有不少人道出"交友难"的苦水，似乎自己并不差，但好像就是得不到别人的认可，这该怎么办呢？其实，交友难，难就难在交友的方法上，而幽默却是一种很有效的方法。即便陌生人见面了，假如能幽默一点，那气氛将变得十分活跃，双方之间的交流也会变得更加顺畅，同时还能为日后更加和谐融洽的人际关系奠定坚实的基础。

在练兵场上，连长正领着新兵们操练，连长喊"立正"，新兵们马上整齐地站在连长的对面。连长继续下命令："向右看齐！"新兵们立即把头侧向了右边。

不过，这时连长却看到一个新兵把头侧向了左边。于是，连长又喊了一遍："向右看齐！"但那个新兵还是把头侧向左边，连长十分生气地问那个新兵："你为什么向左看？"听到连长的话，那个新兵才发现自己犯了错误，不过，他却大声地回答说:"报告长官,大家都向右看,我怕敌人会从左边上来。"听到新兵的回答,严肃的连长也忍不住笑了。操练继续进行,这个新兵专心地听着口令,不再出错了。

其实,在现实生活中,许多人都有交朋友的欲望,却苦于没有行之有效的方法。假如我们能像案例中的新兵一样,勤于思考,也会变得跟他一样风趣幽默,到那个时候,对我们而言世界便不再陌生了,因为陌生人也愿意成为我们的朋友。

当一位身材矮小的男教师走上讲台的时候,台下的学生有的面带讽刺,有的则交头接耳,暗中取笑。这位老师扫视了一下全班同学,然后无不幽默地说:"上帝对我说:当今人们没有计划,在身高上盲目发展,这将产生严重后果。我警告无效,你先去人间做个示范吧。"听到老师这样的话,全班哄堂大笑,然后变得非常安静。显而易见,他们都对老师的幽默敬佩不已,而忘记了他身材上的缺陷。

当我们变得幽默,我们的朋友就会越来越多,陌生人也会成为新朋友,更多的新朋友会逐渐成为老朋友。面对这些新老朋友,彼此之间是没有交流障碍的,我们可以以幽默的谈吐说天说地,包括过去有趣的事情、未来美好的愿望、工作中的成绩、家里的烦恼都可以跟朋友一起分享,同时,在这个过程中,我们还可以收获更多的友谊。

用幽默拉近人与人之间的距离

我们在个人生活中,总是不断地、交替地扮演着主人和客人的角色,因此我们有可能要去应付不合理的要求、令人不快的行为或者闹得不像话的场面。

有时候为了化解困境,没有合适的方式,只有依靠幽默的力量。

每一个有经验的领导都知道,要使身边的下属能够和自己齐心合作,就有必要将自己的形象人性化。

有一位年轻人新近当上了董事长。上任第一天,他召集公司职员开会。他自我介绍说:"我是杰利,是你们的董事长。"然后打趣道:"我生来就是个领导人物,因为我是公司前董事长的儿子。"

参加会议的人都笑了,他自己也笑了起来。

他以幽默来证明他能以公正的态度来看待自己的地位,并对之具有充满人情味的理解。实际上他委婉地表示了:正因为如此,我更要跟你们一起好好地干,让你们改变对我的看法。

据说有位大法官,他寓所隔壁有个音乐迷,常常把电唱机的音量放大到使人难以忍受的程度。这位法官无法休息,便拿着一把斧子,来到邻居门口。他说:"我来修修你的电唱机。"音乐迷吓了一跳,急忙表示抱歉。法官说:"该抱歉的是我,你可别到法庭去告我,瞧,我把凶器都带来了。"说完两人像朋友一样笑开了。

这位法官并不是想把邻居的电唱机砸坏。他是恰当地表达了对邻居的不满——请注意:是对音响而不是对人——他的行为似乎是对音乐迷说:"我们是朋友,我希望和你好好相处,至于唱机是唱机,可以修理一下。"当然,所谓"修理"只是把唱机的声音开低些罢了。

幽默作家班奇利,在一篇文章中谦虚地谈到他花了15年时间才发现自己没有写作的才能。结果一位读者来信对他说:"你现在改行还来得及。"班奇利回信说:"亲爱的,来不及了。我已无法放弃写作了,因为我太有名了。"

班奇利的这封信后来被刊登在报纸上,人们为之笑了很长时间。事实是班奇利的幽默作品闻名遐迩,但他没有指责那位缺乏幽默感的读者。他以令人愉悦的、迂回的方式回答了问题,既保护了读者可爱的自尊心,也保护了自己的荣誉。

如果你对自己幽默的手法没有足够的自信,不妨学学孩子式的幽默。即使在50岁以后,我们也经常为孩子们由天真而产生的幽默所感动。他们是真正以坦诚待人,不会隐瞒任何事实。当他们毫不掩饰地道出心里想的或事实真相时,人们一下子就会喜欢上他们,跟他们在一起会感到与其他任何人在一起都无法感到的轻松、愉快。

有一次,李卡克在家里请几位朋友吃饭。朋友来了,他妻子要他的小女儿向客人说几句欢迎的话。她不愿意,说:"我不知道要说些什么话。"这时一位来做客的朋友建议:"你听到妈妈说什么,你就说什么好了。"他女儿点点头,说:"老天!我为什么要花钱请客?我们的钱都流到哪儿去了?"李卡克的朋友们大笑起来,连他妻子也不好意思地笑了。

这就是孩子式的幽默。女儿把母亲的想法以极纯真的方式说了出来,使大人们也不得不认真地检讨一下自己的想法,同时也减轻了我们对金钱的忧虑。李卡克从中得到了一些启示:
为了取得理想的效果,幽默时要特别注意以下两点:
一是,幽默必须真实而自然。
二是,敢笑自己的人,才有权利开别人的玩笑。
笑自己的观念、遭遇、缺点乃至失误,有时候还要笑笑自己的狼狈处境。每一个迈进政界的人得有随时挨人"打"的心理准备,如果缺乏笑自己的能力,那么他最好还是干自己的老本行去。

有人对一位公司董事长颇反感,他在一次公司职员聚会上,突然问董事长:"先生,你刚才那么得意,是不是因为当了公司董事长?"

这位董事长立刻回答说:"是的,我得意是因为我当了董事长。这样我就可以实现从前的梦想,亲一亲董事长夫人的芳容。"

董事长敏捷地接过对方取笑自己的话柄,让它对准自己。于是他获得了一片笑声,连那位发难的人也忍不住笑了。

第四章

辩论幽默:不吵不闹,赢得辩论

圆融辩驳，用幽默代替指责

一天，索罗斯敲开邻居家的门："请把您的收录机借给我用一个晚上好吗？"

"怎么，你也喜欢收听晚间特别节目吗？"

"不，我只是很想在夜里能够安安静静地睡上一觉。"

索罗斯在表达对邻居不满的时候，没有因为邻居扰乱了自己的休息时间而与其争论不休。聪明的他，只用了简短的一句幽默就让邻居愧疚起来。这就是一种理智的幽默，理智的幽默不用争论，就能够得到比争论更有力的结果。

如果我们在处理棘手问题时，不能勇敢地表达自己的看法，而是用一般的方式希望对方主动妥协，这个时候需要虚心掌握幽默的表达技巧。

林肯对麦克伦将军没能很好地掌握军机深感不满，于是他写了一封信："亲爱的麦克伦：如果你不想用陆军，我想暂时借用一会儿。"

如果一些人不能把分内的工作做好，又对他人的期望值太高、要求太多时，也应该肯定地表达自己的看法，其方式当然曲折、幽默一点好，幽默的批评意见比唇枪舌剑带来的指责争论还要来得猛烈些。

正如每一位下属把自己的将来交给自己的上司一样，每一位经理和居于领导地位的人，也都把他的将来放在下属的手中。 当你运用幽默的力量去帮助别人更有成就时，你会发现不仅更容易将责任托付给他人，而且能更自由地去发展有创意的进取精神。 幽默的力量能改善你的将来，因为你的下属、同事会认同你，感谢你坦诚开放的态度，和你一起笑，对任何事情都持乐观态度，以轻松的心情面对自己的能力。

我们一直强调将幽默口才贯穿运用到生活的各个方面以及工作习惯中去，殊不知幽默的说法是为了引导一种积极向上的做法，进而实现健康快乐的活法。 追逐幽默口才的精髓，实质上是在汲取幽默背后的处世、论辩哲学。 在恰当的时候，适当幽默一下，这不仅仅是对幽默做法的实践，更是圆融辩驳的一种修炼。

找出矛盾,让对方进退两难

论辩讲究的不只是口才,比试头脑中的智慧才是最重要的。幽默论辩正是希望通过智慧的力量击破争辩对方的防线。

有人认为,在幽默辩论中应变要设法逼对方掉进你设的陷阱,使之无法自拔。对方一旦掉入陷阱,就要马上采取还击行动。有时当对方因退缩或招架无力,也出尽"牌",你就亮出你的"王牌",一举逼使对方陷入进退不得的困境。

欧布利德是古希腊一个有名的诡辩家,他在一个大公那里供职。

一天,他对同事说:"你没有失掉的东西,那么你就有这件东西,对吗?"

同事回答说:"对呀。"

欧布利德接着说:"你没有失掉头上的角吧?那你的头上就有角了。"

大公听了他们的争吵,心生一计,决定利用这种方法来整治善于诡辩的欧布利德。他对欧布利德说:"在我的城堡里,你没有失掉坐牢的权利,是吗?那么,就让你享受三天这种权利吧。"

于是,欧布利德被关了三天禁闭。他真是有苦说不出,只有自认倒霉了。

俗话说，"智者千虑，必有一失"。恃才傲物的人最容易犯这样的毛病。在开始时，容易小看对方，以为自己只要开口，来个"先发制人"，就能成功，没想到由于对方介意在心，回敬"以子之矛，攻子之盾"，反而会抢了先手。这时候，不该心慌意乱的一方看出对方不易就范，可能会乱了招数，加速败北。

回到辩场上来，我们也不难举出一系列利用对方自相矛盾进行攻击的案例。且以95国际大专辩论会上就《信息高速公路对发展中国家有利》辩题正反双方的一段辩词为例：

正方二：我方也主张发展中国家必须重点发展普及应用，就像教育必须从基础做起，我们现在不做，以后怎么跟得上呢？

反方二：对方辩友还是同意了我方的论点，首先要发展教育，首先要发展发展中国家的国力呀。

正方四：信息高速公路恰恰能够帮助教育的发展，这个我们刚才已经提到了。

反方一：信息化也是我方的立论。我们并不否认发展中国家应该缩短南北差距，应该发展信息化，但那并不代表信息高速公路啊。

反方四：那对方辩友为什么就一定认为信息高速公路是发展中国家的万能药呢？难道你不知道药对症可以治病，不对症可是要人命的呀。（掌声）

正方二：对方同学承认信息高速公路是有利的，但又认为发展中国家没有信息高速公路。可是实际上就算是没有信息高速公路，美国的信息高速公路也是对发展中国家有利的，因为只要一样花了5万块为两位同学装个电脑，就上了国际网络了。

反方三：信息高速公路有利，这谁都知道啊！但今天的辩题是谈对发展中国家有没有利啊。

正方二：对方同学不是说信息高速公路还没做出来吗？你怎么知道它有利呀？

反方一：对呀，这不正是否认了你方的观点嘛。你怎么就知道信息高速公路就有利呢？

反方二：因为我们已经做出来了嘛，我们已经用过了，所以要分享给你们嘛。（笑声、掌声）

上例辩论中，无论是正方还是反方，都发现了各自的自相矛盾之处，也均发起了猛烈的进攻。可惜双方都仅限于抓在同一点上，形成了一种"凝固"战，最后若不是一语幽默，还不知谁要失守呢。

值得一提的是，这段辩词的"以其之矛，攻其之盾"战术在双方都运用得很隐蔽，没有大肆渲染，只是双方战术碰撞，导致辩手都有些累而已。

总之，我们是该感受到以其之矛攻其之盾的幽默战术在辩论中所显示出的威力。

两难战术，反客为主的辩论术

在美国哥伦比亚大学中国文化课的课堂上，林语堂一直对中国的文化给予了较高的欣赏与赞扬。一位美国女学生却一脸不服气的样子，她对林语堂质问道："林博士，既然你说你们中国的文化非常优秀，具有深厚的文明渊源，那么是不是就是说我们美国的东西都比不上你们中国啊？"

林语堂面不改色，很是轻松地回答说："当然有啊，你们美国的抽水马桶就比中国的好嘛。"

林语堂一语落地，全场学生都不禁笑了起来。那位美国女学生是想出个问题让林语堂左右为难，不好下台，殊不知，林语堂只用了一句小小的幽默就让气氛完全缓和，就把问题的答案巧寓其中，也让有意刁难的女学生无力辩驳了。

在辩场上，由于双方均被镶上了竞争的色彩，那么，辩场也成了一个小社会，一个有圈套的社会。在辩论场合，没有圈套就很难定出谁输谁赢。只要是对手，双方都会自然地想给对方设置圈套。于是，只要是辩论，你也圈套，我也圈套，圈来圈去，就看谁先陷进去，谁要是先陷进去，谁就要有麻烦。设圈套的技巧主要为了蒙蔽对手，使对方在你所预期的某种圈子内不明不白地往里陷。一陷进去就正中你下怀了。我们常见的辩论场合中的圈套战术非两难战术莫属。

两难战术是一种神奇的雄辩绝招。其主要特点是运用两个条件命题和一个析取命题为前提进行推演的论辩方法。因此，雄辩者必须使用预先设定好的推演形式，注意所使用的条件命题必须是雄辩者本身心中有数的，析取命题必须将某方面的情况列举完全。有时候，辩手双方彼此都想用两难战术来制服对手。在此情况下，先手者则获主动，但后手者也未必就无药可治，只要你能有信心支撑。那么，当对手先用两难战术时，你未尝不可通过构成一个相反的两难选择，"以难攻难"，针锋相对地驳斥对手。

  从前，有一个皇帝心血来潮，向全国宣布说："如果有人能说出一件十分荒唐的事，并让我说出这是谎话，那我就把我的江山分给他一半。"
  不久来了个农民，挟着一个斗。
  农民说："万岁欠我一斗金豆？我是来讨回金豆的。"
  皇帝吃惊地问："一斗金豆？我什么时候欠的？你分明是在撒谎。"
  农民不慌不忙地说："既然你已经说出这是谎话，那您就给我一半江山吧。"皇帝急忙改口："不，不，这不是谎话。"农民笑笑："不是谎话，那就还一斗金豆吧。"

在论战过程中，只列出两种可能性的情况，使得对手自愿地从中选择，然而无论对手选择哪一种，得出的结果都对他不利，除此以外又别无选择。这就必然使对手陷入进退维谷、左右为难的境地，完全落入"我"方的控制之中，这种论辩方法称之为两难战术。

妙用谐音，变被动为主动

清代学者纪晓岚与和珅同朝为官，纪晓岚为侍郎，和珅为尚书。一次同饮之际，恰好一条狗从旁跑过，和珅指着狗问："是狼是狗？"此话问得蹊跷，纪晓岚立即听出了弦外之音，答道："垂尾是狼，上竖是狗。"

原来和珅说的是一句运用谐音双关法骂人的话，"是狼"是指"侍郎"，即纪晓岚，连起来便骂他是狗。哪知纪晓岚敏慧过人，一听就觉察了其中的奥妙，但是他不动声色，仍然顺着和珅问话的表面意思，同样运用谐音双关法进行反唇相讥。"上竖"表面上指尾巴翘起，与和珅问话的表面意思联结得天衣无缝，其实却是谐音"尚书"，即和珅，连起来便回敬他是狗。

李白去蜀远游，应诏入京，在皇帝面前展露了才能，却遭到当朝宰相杨国忠的嫉妒。有一天他想了个办法，约李白去对三步句，意即由杨国忠出题（上联），李白要在三步之内对出下联。李白如约而至，刚一进门，只听见杨国忠道："两猿截木山中，问猴儿为何对锯？"上联出得很刁，运用谐音双关法，"锯"谐音为"句"，直接骂李白是来对句的"猴儿"。哪知来者不善，李白毫不犹豫地说："请宰相起步，三步之内对不上来，愿受罚。"当杨国忠跨出步时，李白立即指着杨国忠的脚喊道："匹马陷身泥里，看畜生怎样出蹄！"

李白同样运用谐音双关法,"蹄"谐音为"题",直接骂杨国忠是出题的"畜生"。 杨国忠出题出得古怪而且刻薄,李白对句对得巧妙而且辛辣,幽默机智从这样巧妙而辛辣的对句中表现出来。

谐音双关的别解法,要求辩者有丰富的想象力和发散思维的能力,能透过某一语句表现的含义洞察出其隐含着的特殊或深层的语意,然后选择符合我们观点的某一种相关的意义,做出巧妙的别解。

运用谐音别解,可使辩者变守为攻,变被动为主动;可以帮助摆脱困境;还可以嘲讽对手,调侃戏谑,顺势发表议论。 辩论中运用此幽默战术,可增强辩者的语言表达效果,使自己的辩论雄健有力。辩论中,有意违反常规、常理、常识,利用语言、语汇、语法等手段,临时赋予一个词语原来没有的新意而做出奇特新颖但是毫不利于对方的解释手法,让自己的观点无可辩驳。

软化辩语，绵里藏针

和别人说话、辩论是非曲直，如果面红耳赤、唇枪舌剑，虽然可以达到不打不相识的效果，但那毕竟是不得已的事情，并且容易出现彼此都难免动气的话，这就很可能成为人际关系破裂、矛盾激化的兆头。

人与人之间还是以和为贵，如果好话当作恶话说，即便不至于导致事业失败，至少落得不会说话和人缘极差。假如你面对的听话对象是你的顶头上司，或是与你的事业兴衰成败密切相关的对手，那怎么与他们说话就更应该讲究了。

其中，在辩论中软化辩解的幽默语言是增强辩力的重要因素，幽默语言中的最佳妙法是绵里藏针和辩人于无形的釜底抽薪法。绵里藏针幽默法，是外表柔和、内含刚健，使人有刺痛之感且不露痕迹。

英国首相丘吉尔是一位能言善辩、风趣幽默的政治家。

有一次，在丘吉尔脱离保守党，加入自由党时，一位媚态十足的年轻妇人对他说："丘吉尔先生，你有两点我不喜欢。"

"哪两点？"

"你执行的新政策和你嘴上的胡须。"

"哎呀，真的，夫人，"丘吉尔彬彬有礼地回答道，"请不要在意，您没有机会接触到其中任何一点。"

在这里，丘吉尔便巧妙地运用幽默的语言艺术来摆脱尴尬的场面。尽管其外在形式是温和的，但这种温和之中蕴含着批判，使用了"绵里藏针"的幽默技巧，让对方虽然恼怒，却又不便发作，具有特殊的力量。

"绵里藏针法"的运用常常与喂小孩子吃苦药的道理一样，要用糖衣包着药片，或者就着糖水送服，招数因人而异，窍门却一通百通。"抽薪止沸，斩草除根"的原理，运用在语言交流中，可以成为一种充满智慧的语言技巧。无论在谈判桌上还是在辩论台前，都会碰到咄咄逼人或是气势汹汹的对手，其语言攻势如同锅中热水，往往达到了沸沸扬扬的程度。

面对这种情况，舌战的当务之急是抑制对方逐渐高涨的气势，而抑制的最佳方法就是抽去"锅下的柴火"，从根本上运用幽默的智慧解决问题。

这种为许多人所熟悉的釜底抽薪法其关键就在于找出"薪"的存在，然后断然"抽"之。论点全部来自论据，是建立在论据基础之上的，论据属实，则论点正确；论据虚假，则论点谬误。所以只要你善于从对方的论点中分析出其虚假论据之所在，那就如同釜底抽薪、刨根倒树，所有论点就会被你驳倒。

正如古人所云："故扬汤止沸，沸乃不止；诚知其本，则去火而已矣。"

诡辩幽默，不胜亦胜

幽默语言不仅能够减轻辩驳过程中的压力与紧张形势，而且能够调节辩论的气氛，增强语言的穿透力，强化自己辩论的观点。诡辩，似乎有些狡辩的嫌疑，但值得学习的是，诡辩是辩论幽默中最善于运用幽默技巧来促成反败为胜的方法。

诡辩幽默，不胜亦胜的绝佳妙法。

古希腊时，一个人非常善于利用诡辩幽默去买东西，往往能够把"买东西不付钱"的把戏玩弄得恰到好处。

一天他又想去弄点酒喝，他径直来到一家酒铺，向卖家要了一瓶红酒，等他煞有介事地看了看红酒的说明后，还给了卖家，说道："还是给我换一瓶白酒吧。"

卖家说："好嘞。"不一会儿就递给他了一瓶白酒。令卖家费解的是，他居然在接过白酒后，钱还没付就要走。

卖家忙说："先生你还没有付钱呢？没付钱可不能走。"

那人忙说："我为什么要付钱？"

卖家："当然是你买的白酒的钱啊。"

那人辩解说："我不能付钱，这瓶白酒是我用红酒换的。"

卖家："可是红酒你也没有付钱啊。"

那人诡辩道："那就你付钱喽，反正这瓶白酒是我用红酒换来的。"

卖家顿时糊涂了，不知道说什么好，只能无奈地看着那人把酒白白地带走。

这就是典型的诡辩幽默。诡辩幽默的实质是一种欺骗，只不过这种欺骗被赋予了幽默的智慧与艺术。当然在现实的生活与工作中，我们并不主张时刻与人诡辩，占他人的便宜，介绍诡辩幽默是为了帮助一个人在面对无赖的时候，应该学会诡辩的幽默技巧。

比如说著名的英国首相丘吉尔，他能够巧妙地利用诡辩之法自圆其说，维护好自身的公众形象。

有人曾经问丘吉尔："作为一个政治家必须具备的才能是什么？"

丘吉尔回答说："想要成为一位出色的政治家，就应该具备预知明天将会发生什么事情的才能。"

那人继续问道："可是如果预知的事情并没有发生呢？"

丘吉尔幽默回答说："如果真的没有发生，就需要这位政治家有自圆其说的本事喽。"

丘吉尔口中的自圆其说，即主要是指诡辩的艺术。如果幽默的诡辩术运用得当，就能够通过自己的口才力量达到改变对世界的看法以及说法。

诡辩幽默作为一种变形的幽默口才，意在通过违背逻辑规律的方法，混淆是非，最后实现对他人的说服。

第五章

谈判幽默：用幽默打破僵局，增加胜算

将幽默妙用于谈判中

谈判双方刚进入谈判场所时，难免会感到拘谨，尤其是新手，在重要谈判中，心理上往往会忐忑不安。另外，谈判时单刀直入不仅会暴露本方底线，也会影响谈判的融洽气氛。因此，在谈判中可以采用迂回入题的方法。

在现代谈判中，迂回是一种经常使用的谈判技巧。迂回战术，明似离题，暗实切题，它表达的是弦外之音，它表露的是言外之意。而看准使用迂回战术的时机，并能使用最恰当的方式表情达意，则是这一战术的运用能否奏效的关键。

谈判是一个为达成双边或多边一致的过程，谈判的行为包括其间的语言表达（往往是最容易被忽略，而又往往是非常重要的）或其他行为活动。达成一致的过程事实上就是谈判的双方或多方心理状态趋同的过程。

谈判是一件十分严肃的事，双方站在各自的立场，为争取各自的利益努力。但如果你固执地认为谈判不可能轻松愉快地进行，那你就走进了一个谈判的误区。如果你总是一副严肃的面孔，以极其认真的态度上来就"言归正传"，没有一点活泼的气氛，那谈判场所死气沉沉，总给人一种压抑的感觉。由于双方的意见、观点无法深入交流，不能趋同就会造成暂停，休会的次数很多，而满足双方利益的灵活方案少有建设性的提议，以致无法达成协议。所以，你应该主动去营造良好的谈判气氛。

某部警匪电影中有这样一段谈判专家与匪徒的对话：

匪徒："你怎么来得这么慢,你们是不是想拖延时间?"
　　谈判专家嬉笑着说："不好意思,堵车嘛!"

　　轻松愉快的气氛能缓解谈判中的紧张情绪,激发人们的想象力,增进人们的感情。在良好的氛围下,人们更容易被理解、被尊重,也更容易获得支持和关注。反之,沉闷抑郁的环境,很容易滋生猜忌和隔阂。在谈判中,不能营造良好的谈判气氛,就好像机器缺少"润滑剂"一样,给人很别扭的感觉,也就谈不上有效地减少双方心理障碍,给双方沟通增加困难,甚至可能使谈判进展缓慢或破裂。我们来看看英国首相丘吉尔是如何营造良好的谈判气氛的:

　　1943年,英国首相丘吉尔和法国总统戴高乐由于对叙利亚问题的意见存在分歧,两人心存芥蒂。
　　直接原因是戴高乐宣布逮捕布瓦松总督,而此人正是丘吉尔颇为看重的人物。要解决这一件令双方都感棘手的事,只有依靠卓有实效的会晤了。
　　丘吉尔的法语讲得不是很好,但是,戴高乐的英语却讲得相当流利。这一点,是当时戴高乐的随员们以及英国大使达夫·库柏早就知道的。
　　这一天,丘吉尔是这样开场的:他先用法语说道:"女士们先去逛市场,戴高乐将军、其他的先生跟我去花园聊天。"然后他用足以让人听清的英语对达夫·库柏说了几句话:"我用法语对付得不错吧,是不是?既然戴高乐将军英语说得那么好,他完全可以理解我的法语的。"语音未落,戴高乐及众人听后哄堂大笑。

丘吉尔的这番幽默消除了谈判双方参与人员的紧张情绪，营造了良好的会谈气氛，使谈判在和谐信任中进行下去。在谈判开始后，礼貌问候对方，轻松地引入谈判的话题，讲究策略，有理有节，求同存异，必要时运用一些幽默诙谐的语言，调节一下紧张沉闷的空气，放松一下绷得太紧的心弦，营造轻松愉快的气氛。

谈判双方是一对矛盾的统一体，为达成协议，双方不可能摒弃竞争，也不可能拒绝合作，那么合作就应该有一个良好的合作气氛，这是从谈判一开始就应该考虑并注意的。首先，在谈判开始以前，主动热情地去接触对方，发掘双方的共同点，为谈判打下良好的基础，也可以就双方的兴趣爱好、双方曾有过的合作经历或共同认识的朋友进行交谈，引起双方心灵"共振"的变化。其次，向对方诚恳地说明他接受你的意见的充分理由，以及对方一旦被你说服将产生什么利弊得失。最后，在伴随幽默语言的同时，坦率承认如果对方接受你的意见，你也将获得一定利益。这样，对方觉得你诚实可信，会自然而然地接受你的意见。反之，如果你不承认能从谈判中获得一定利益，对方必定认为你话中有诈，缺乏诚意，从而拒你于门外，你将无法取得说服对方之功。

巧用幽默转移话题

在谈判的过程中，我们经常会遇到各种僵局和困境。用转移话题的幽默谈判技巧能打破僵局。这种方法，常常使谈判绕了一个圈子，多走了一些弯路之后成功地到达了终点，达成双方都能接受的协议。

1988年7月22日，日本首相中曾根同苏联共产党总书记戈尔巴乔夫在克里姆林宫举行会谈。整个会谈高潮跌宕、扣人心弦。

戈尔巴乔夫有一次竟用拳头将桌子敲得砰砰作响。他气愤地声称："据说，在日本居然有人说什么'今后只要日本持续不断地增强经济力量，苏联便将乖乖地屈服于日本的经济合作'。殊不知，这是大错特错的，苏联决不屈服。"中曾根也不示弱，他以强硬的口吻反驳道："尽管如此，两国加深交往也是重要的。阻挠两国关系发展的，正是北方领土问题。铸成这个问题的原因在于斯大林错误地向属于北海道的岛屿派遣了军队。"

中曾根接着语气和缓地说："我毕业于东大法律系，你走出的是莫斯科大学法律系的门槛。我们俩同属法律系毕业生，理应了解国际法、条约和联合声明是何物。国际上都承认日本的主张是正确的。"这时，戈尔巴乔夫总书记微笑着答道："我当法律家亏了，所以变成了政治家。"此语一出，巧妙地避开了中曾根话题的锋芒。

在谈判中，双方容易紧张对立，唇枪舌剑，有时甚至到了剑拔弩张的地步。这时，如果某一方代表说句幽默的话，可能就会化解紧张的气氛，双方能愉快地继续谈下去。

深圳某工业区一位领导率团出访美国，同美国某财团谈判关于合资经营新型浮法玻璃厂的问题。因对方恃其技术设备先进漫天要价，谈判一度陷于僵局。后来，财团所在地的商会邀请这位领导发表演讲，在演讲中，这位领导若有所指地说："中国是个文明古国，我们的祖先早在一千多年前，就将四大发明——指南针、造纸、印刷、火药的生产技术，无条件地贡献给人类，而他们的子孙，从未埋怨他们不要专利权是愚蠢的，相反，却盛赞祖先为推进世界科学的进步做出了杰出贡献。请问诸位，那时候你们的祖先在哪里？恐怕还在树上呢！各位请看自己的胸前，到现在是否还是有特别多的毛？"

这位领导的话把那些高傲的美国佬都逗笑了，他接着说："现在，中国在与各国的经济合作中，并不要求各国无条件地让出专利权，只要价格合理，我们一个钱也不少给。"

这场不卑不亢的精彩演讲，赢得了与会者的赞赏，并促使这个财团在以后的谈判中表示愿意降低专利费，与我方合作，僵局就这样打开了。

以守为攻的幽默语言

古罗马雄辩家西塞罗对幽默辩论有着独到的研究。他说，把对手否定的结论拿来加以肯定，再回敬对方，这便是以守为攻的技巧。这种辩论技巧能够产生一定的幽默效果，也带有一些诡辩色彩。西塞罗的《演说家》中有这样一个故事：

一位众所周知出生于卑劣家庭的人向勒利尤斯喊道："你背叛了自己的祖先！"勒利尤斯反唇相讥道："你呢？你丝毫没有背叛自己的祖先！"这句话引起哄堂大笑。勒利尤斯一句话便赢得了大众的支持。

勒利尤斯以守为攻、以静制动、以不变应万变，出其不意地运用言语回击了对方。所谓"以静制动的幽默"就是在对话或者辩论中，对话的一方滔滔不绝、妙语连珠，似乎已经把对方难倒或者弄到十分窘迫的境地中，还不断地变换诘难对方的方式，自以为得计，而正等待对方"坐以待毙"时，不料却已经将要害呈给了对方，结果对方反击，置自己于猝不及防、哑然失色的地步。

一位顾客因为饭馆的菜做得不好吃而与饭馆老板展开了谈判。餐馆里一个顾客叫住老板："老板，这盘牛肉简直没法吃！"老板说："这关我什么事？你应该到公牛那里去抱怨。"顾客回应道："是呀，所以我才叫住了你。"

顾客按照老板的荒谬逻辑，推论出老板应是"公牛"，搞得对方哭笑不得。这种方法是抓住对方的话柄，顺着说下去，让事态向着有利于自己的方向发展，从而产生强烈的幽默效果。

清朝时，有一天乾隆皇帝问纪晓岚："纪卿，'忠孝'之意何解？"

纪晓岚答道："君要臣死，臣不得不死，为'忠'；父要子亡，子不得不亡，为'孝'。"

乾隆皇帝立刻说："那好，朕现在就要你去尽忠，行吗？"

"臣领旨！"

"那你打算怎么个死法？"乾隆皇帝问。

"跳河。"

乾隆皇帝当然知道纪晓岚不会去死，于是就静观其变。不一会儿，纪晓岚回来了，乾隆笑道："纪卿何以未死？"

纪晓岚答道："我走到河边，正要往下跳时，屈原从水中向我走来，他说：'晓岚，你此举大错矣，想当年楚王昏庸，我才不得不死。你在跳河之前应该先回去问问皇上是不是昏君，如果不是昏君，你就不该投河而死；如果说是，你再来不迟啊！'"

这种幽默的技法目的当然是进攻，但前提却是防守。只有你守好了，没有让别人抓住你话语的漏洞和话柄，而同时你又能够抓住对方话中的漏洞，这样才能达到反守为攻的效果。

用幽默使自己占据主动

谈判要争取掌握主动权,要做到制人而不制于人。在谈判中,主动权往往掌握在实力最强的一方手里。对于稳操胜券的主动方来说,"一步主动则步步主动"。所以我们认为,不仅同其他人合作要占主动,竞争中要占主动,就是在谈判中同样要占主动。

在谈判中占据主动的方法有很多,利用幽默的技巧向对方进行步步引导,可不动声色地在谈判中占据主动地位。

下面就是一则在日常生活的谈判中占据主动的幽默故事:

父亲下班回到家里。他那正读大学的儿子问他说:"爸爸,你可知道人类学家说过,人本来不该是直立行走的?"父亲回答:"这又怎么样?"他说:"所以把汽车钥匙借给我吧!"

儿子先发制人,主动向父亲发问,一步步把父亲诱入自己设的语言陷阱,再提出自己"借车"的要求,使父亲没有理由拒绝,从而取得这次向父亲"借车"的谈判的成功。

要想最快地达到谈判的目的,就需要做多方面的准备,比较好的方法是根据实际情况,提出多样选择方案,从中确定一个最佳方案作为达成协议的标准。有了多种应付方案,就会使你有很多的回旋余地。

小男孩问妈妈:"妈妈,我要养一只小狗。"

妈妈不同意说:"狗多脏啊,宝宝听话,咱们不养狗。妈妈明天给你买只漂亮的玩具狗。"

小男孩不高兴地说:"妈妈,我不要玩具狗,没有小狗,我要一个小弟弟陪我玩也行啊。"结果,第二天,妈妈就给小男孩买来了一只小狗。小男孩主动提出要求,给妈妈两个选择,或者要一只狗或者要一个小弟弟。这样,妈妈自然会同意买只狗给他。

你可以提出两种或多种选择,这些选择都可以是对方不愿意接受的。但是比较起来,其中总会有一种是令对方最乐意接受的。这时候,你改变谈判结果的可能性就更大了。因为你充分占据谈判的主动权,也就掌握了维护自己利益的方法,迫使对方在你希望的基础上谈判。即使对方不同意其中某项提议,他也会在你提议的基础上提出新的解决办法。

著名意大利女记者奥里亚娜·法拉奇成功地采访了一系列世界风云人物,留下了许多动人的记录和插曲,也是她幽默智慧的体现。下面就是她与著名政治家亨利·基辛格的一段对话:"基辛格博士,如果我把手枪对准您的太阳穴,命令您在阮文绍和黎德寿之间选择一人共进晚餐,那您会选择谁?"

基辛格说:"我不能回答这个问题。"

奥里亚娜问:"如果我替您回答,您会更乐意与黎德寿共进晚餐,是吗?"

基辛格回答道:"不能……我不愿意回答这个问题。"

奥里亚娜可谓咄咄逼人，这种"逼"不在于死死纠缠，而在于幽默地"进犯"。问题是严肃的，但方式却是玩笑似的。通过幽默的主动出击，提出让对方两难的选择，最终使对方缴械投降。

在谈判中采用幽默姿态，可以缓和紧张形势、制造友好和谐的气氛，从而缩短双方的距离、淡化对立情绪，也能让受到挤兑的一方化不利为有利，掌握主动权。

一次，我国一家企业的负责人同外方进行谈判。在我方的义正词严面前，对方不但不接受，反而说同我方谈判是"对牛弹琴"！我方的负责人灵机一动，利用对方抛来的话语将计就计，巧妙地回敬了对方："对！牛弹琴！"

在这里，负责人把对方抛来的"对牛弹琴"这个成语巧妙地进行了结构上的调整，变成了一个内涵丰富的"对！牛弹琴！"，从而既摆脱了困难，又迫使对方陷入无地自容的窘境。

幽默是一种人生态度，可以毫不夸张地说，一个懂得幽默的人比一个古板的人更适合于游刃社会中。在谈判这样一个富有挑战性的活动中，幽默能够达到使其制胜的目的。

顾左右而言他的幽默技巧

"顾左右而言他"为大家所熟悉，也是一种幽默的谈判技巧。一般人在谈判刚开始时都懂得运用这种"环顾左右、迂回入题"的幽默谈判策略，大家不会一碰面就急急忙忙地进入实质性的谈话，双方人员也都表现得彬彬有礼、言语轻松。因此，双方有足够的时间协调一致。

随着谈判的深入，双方内心都会越来越忐忑不安，尤其是当谈判陷入僵局时。这时，可以运用"顾左右而言他"的谈判技巧消除双方的尴尬状况、稳定自己的情绪，使谈判气氛变得轻松活泼，就能打破僵局，掌握主动权，为谈判的成功奠定一个良好的基础。如果能够灵活地运用"顾左右而言他"的幽默技巧，那么它将是你获得成功的重要策略手段。

基辛格曾就越南战争问题与大使多勃雷宁举行会谈。谈判正在进行时，尼克松总统给基辛格打来电话，接完电话之后，基辛格对多勃雷宁说："总统刚才在电话里对我说，关于越南问题，列车刚刚开出车站，现在正在轨道上行驶。"老练的多勃雷宁试图缓和气氛，机智地接过话头说："我希望是驾飞机而不是开火车，因为飞机中途还能改变航向。"基辛格立即回答道："总统是非常注意选择词汇的，我相信他说一不二，他说的是开火车。"

在这次谈判中,基辛格巧用火车与飞机的比喻,幽默地对对手进行旁敲侧击,既鲜明、坚定地表明了自己的立场,而语气和态度又显得十分强硬,令对方容易接受。可见在谈判中,语言的幽默往往能有效地活跃谈判气氛,使谈判轻松、愉快,并逐步向有利的方向发展。

下面再举一个现代生活中谈判的例子:

一位顾客坐在一家高级餐馆的餐桌旁,把餐巾系在脖子上。大堂经理很尴尬,叫来服务员说:"请你让这位'绅士'懂得,在我们的餐馆里,这样做是不允许的,但话要说得尽量委婉些。"

服务员来到这位顾客身旁,很有礼貌地问:"先生,您是刮胡子,还是理发?"话音一落,那位顾客立即意识到自己的失礼,赶快取下餐巾。

服务员没有直接指出客人的失礼之处,却幽默地问两件与餐馆服务项目毫不相干的事——刮胡子和理发。表面上看来,似乎是服务员问错了,但实际上他是通过这种风马牛不相及的幽默来提醒这位顾客,既使顾客意识到自己的失礼之处,又做到了礼貌待客、不伤及客人的面子。服务员用的正是旁敲侧击的幽默技巧。

当然,服务员不能把顾客当作对手看待,不过,服务员确实是与顾客进行了一次普通意义上的谈判。试想,如果服务员直接指出顾客的不对,顾客必定会很尴尬,可能头也不回地走了,餐馆也就失去了一位顾客。

在谈判中运用这种迂回的方法时,还要注意说话之前先动动脑子,从正面、反面、侧面多角度地想一想,寻找出可以使对手得到启示的各种表达方式，选择其中最好的一种。

在谈判中，还必须密切观察对方态度的变化。身体动作、手势、眼神、脸部表情甚至咳嗽等，都能成为可用的素材。有时，谈判者有意识地用这些形体动作代替有声语言，特别是在不允许或不宜用语言表达的时候，如咳嗽有时表示紧张不安，有时用来掩饰谎话，有时表示怀疑或惊讶。但是，在某一时刻，一个举动又不仅仅表达一个意思。这就要求谈判者善于联系对方的态度和言谈举止加以辨别。

声东击西，出奇制胜

声东击西法，是指目标在西而先假意向东，出其不意地给对手一击。它实际上是一种含蓄迂回的幽默技巧。在谈判中，利用语言来回击或反驳对手的时候，这种幽默技巧的运用特别有力。

声东击西法包含很多内容：欲东而西，欲是而非；明说张三，实指李四；明里问罪，暗中摆功；敲山震虎，指桑骂槐，含沙射影等。在各种谈判中，这种声东击西法的幽默技巧都可以巧妙地加以运用，以产生强烈的幽默效果，争取谈判的成功。

《史记·滑稽列传》记载：楚庄王有一匹爱马，给它穿上带有刺绣的衣服，放在装饰华丽的屋子里，喂它吃枣脯，最后马因肥胖过度而死。楚庄王让群臣为马发丧，要以大夫规格，用内棺外椁而葬。大夫提出异议，楚庄王下令道："有敢于对葬马之事再讲者，处以死罪。"优孟听说后，跑进大殿，一进殿门，便仰天大哭，楚庄王十分吃惊，忙问何故，优孟说："死掉的马是大王心爱之物，我们堂堂楚国，要什么东西没有？而今以大夫之礼葬之，太薄了，我请求大王以人君之礼葬之。"楚庄王听后，一时无言以对，只好打消以大夫之礼葬马的打算。本来楚庄王要厚葬宠物，而且不容大臣提出异议，可优孟的反话正说使之改变了初衷。

《五代史·伶官传》中记载的一则故事也十分有趣：庄

宗喜好打猎，在中牟打猎，践踏许多民田。中牟县令为民请命，庄宗发怒，要杀他。伶人敬新磨得知后，率领众伶人去追赶县令，将之拥到马前，责备他说："你身为县令，怎么竟然不知道我天子喜爱打猎呢？为何让老百姓种庄稼来交纳税赋，而不让百姓忍饥去荒废田地，让我天子驰骋打猎？你罪该万死。"于是拥着县令前来请求庄宗杀之。庄宗听后无奈大笑，县令被赦。

以上两则故事中，优孟和敬新磨为了达到各自的劝谏目的，取得和君王谈判的成功，都运用了反话正说、声东击西的幽默技巧，就是使用与原来意思相反的语句来表达本意，表面赞同、实际反对。在谈判中，运用这种表达方式往往能收到直接表达所起不到的作用。

但是，在谈判中，要想运用声东击西的幽默技巧取得好的效果，就需要对方静心默思、反复品味。因为这种幽默技巧的特点是：你想表达的意见不是直接表达出来，而是以迂为直，被埋藏在所说出来的话后面，对方在听完话之后，必须有个回味思考的时间，才能体会出个中的奥秘，产生幽默风趣的情绪，这种声东击西的幽默技巧也才能对谈判的结果产生影响。因此，一个真正有幽默感的谈判者，不但要自己善于说，而且还要善于领悟对手的幽默。善于领会对手的幽默，也是一种谈判智慧的表现。

君子雄辩，幽默助阵

有一位教徒问神甫："我可以在祈祷时抽烟吗？"他的请求遭到神甫的严厉斥责。而另一位教徒又去问神甫："我可以吸烟时祈祷吗？"后一个教徒的请求却得到允许，悠闲地抽起了烟。

这两个教徒发问的目的和内容完全相同，只是谈判语言的表达方式不同，得到的结果便完全相反。由此看来，表达技巧高明才能赢得期望的谈判效果。

谈判的语言技巧在营销谈判中运用得好可带来营业额的高增长。

某商场休息室里经营咖啡和牛奶，刚开始服务员总是问顾客："先生，喝咖啡吗？"或者是问："先生，喝牛奶吗？"销售额一直平平。后来，老板要求服务员换一种问法，即"先生，喝咖啡还是牛奶？"结果其销售额大增。原因在于，第一种问法容易得到否定回答，而后一种是选择式，大多数情况下，顾客会选一种。

如果你想到某家公司担任某一职务，希望年薪2万元，而老板最多只能给你1.5万元。老板如果说"要不要随便你"这句话，就有攻击的意味，你可能扭头就走。而老板不那样说，而是这样跟你说："给你的薪水是非常合理的。不管怎么说，在这个等级里，我只能付给你1万元到1.5万元，你想要多少？"很明显，你会说"1.5万元"，而老板又会好像不同意地说："1.3万元如何？"

你继续坚持1.5万元，其结果是老板投降。表面上，你好像占了上风而沾沾自喜。实际上，老板运用了选择式提问技巧，你自己却放弃了争取2万元年薪的机会。

学会谈判并不是一件难事，只要你努力学习，掌握相关的谈判技巧和策略，你一定能够成为谈判高手。

第六章

家庭幽默：在幽默中享受家庭幸福

防止婚姻老化,幽默交流必不可少

台湾著名作家戴志晨先生说:"婚姻是人世间'老化'最快的一种关系。"这话说得很有道理,从夫妻对彼此的称呼就看得出,结婚时明明还叫新郎、新娘,可一夕之间就变成了老公、老婆。

不过,名称怎么"老"都无所谓,怕就怕老化的不仅仅是名称,而是爱情本身。

中国传统观念提倡夫妻相敬如宾、客客气气。互相敬重当然是好的,但如果两个人关系太过规矩、死板,生活得久了,婚姻生活就会味同嚼蜡,爱情恐怕也会老化得更快。对此,戴志晨先生开出的处方就是"幽默"。他说:"懂得夫妻幽默之道的人,可以防止婚姻老化,使双方永远做英俊的新郎和漂亮的新娘。"

幽默在婚姻中的作用不可低估,它常常能激起感情上的浪花,让婚姻生活更加和谐美满,每一天都像是蜜月一般甜蜜幸福。

胡适和老婆江冬秀是包办婚姻,老婆一个大字不识,是人人皆知的"悍妇",但夫妻二人关系还算和谐。

一次,有人问胡适是如何与太太相处的,胡适想了想说:"我知道有个'惧内俱乐部',提倡男人对太太要奉行'三从''四得(德)'的原则。所谓'三从',是太太出门要跟从,太太命令要服从,太太错了要盲从。所谓'四得(德)',是太太化妆要等得,太太生日要记得,太太打骂要忍得,太太花钱要舍得。"

问者听了哈哈大笑,为胡适的幽默钦佩不已。

胡适是个婚恋专家,对于调适夫妻关系十分拿手,常常说些幽默讨巧的话,把老婆哄得高高兴兴,虽然是包办婚姻,但几十年的婚姻也是一团和气。要知道,家庭的温情主要是在语言交流中获得的,如果夫妻双方都惜字如金,交流不当,即便开口也都是一些唠唠叨叨的废话,这样的婚姻生活一定让人大失所望。只要平时多说些讨喜的话,对另一半多些赞赏,多些耐心,婚姻生活就能越来越甜蜜。

由于男女个性不同,要想尝试婚姻小幽默,还需要从不同角度入手。

生活中,缺乏幽默感的妻子,往往喜欢唠叨,说话有口无心,沉醉于自我宣泄之中,全然不顾自己说了些什么,说得是否巧妙,也不顾老公会有什么反应。如果你就是这样的妻子,首先要注意改变自己的说话习惯,增加文化修养,平时多翻翻幽默的书报杂志,多学习、多模仿,久而久之就能培养出自己的幽默技巧。

比如,老公下班回家后一直坐在电脑前赶一个方案总结,竟然连饭都不肯吃,自称是要减肥。这时,你可别生拉硬拽,不如笑呵呵地对他说:"结婚几年来,我所有的投资几乎都贬值了,你是我唯一增值的东西,你若减肥了,我就没有一点儿成就感了。所以老公,你还是快来吃饭吧!"

听了这话,再急的工作他也会先放在一边,乖乖地陪着你吃饭了。日常一餐饭,不仅能让老公紧张的情绪暂时得以缓解,还能趁机沟通夫妻感情,让他知道你有多么爱他。

和女人相比，男人缺乏幽默感的原因很多，少数是因为个性孤僻，大多数都是因为工作压力大，久而久之就丧失了生活情趣。 其实，多和妻子进行幽默互动，不仅可以调适婚姻生活，还能帮助你减轻工作压力。

打个比方，公司老板要求你加班，晚上你又得挑灯夜战。你得打个电话通知老婆，告诉她晚上不能回家吃饭了。你是垂头丧气、连声咒骂着告知老婆这一消息，还是幽默逗趣地趁机甜言蜜语一下？当然是后者更佳，你可以嬉笑着对老婆说："喂，请问是女超人吗？无敌铁金刚向您请假，他今天不能回花果山吃斋桃啦！"

这样一个小小的幽默，让妻子听起来温馨甜蜜，也给挑灯夜战的你增添了几许奋斗的动力。

朋友们，请记住吧，幽默是快乐的催化剂。 使朋友、同事、顾客、亲人们发出笑声的人，就是在弹奏无比美妙的音乐。 学会了运用幽默的力量，你就会拥有一个幸福美好的人生。

生活少动力，幽默来添加

性是夫妻关系建立的一个前提条件。无论是做妻子的，还是当丈夫的，都不会忘掉新婚之夜那愉快的一刻。而随着工作压力的增加，有些人可能对性生活表现得力不从心。对夫妻来说谈性是公开的，彼此之间不需要拐弯抹角，这是现代人普遍认同的观点，而"素"中带"荤"的幽默术，能为你的夫妻生活增添活力。

一位公车司机工作十分勤奋，每天都早出晚归。一日，当他满身疲惫地回家时，发现妻子留下了一张纸条：

每天那么晚才回来，真受不了！食品和啤酒放在冰箱里，我的身体和爱情在被窝里。

——你的妻子

此故事中，妻子把食品、啤酒、身体和爱情并列在一起，幽默地暗示丈夫吃食品和啤酒，不要忘记了妻子需要丈夫的爱。此时，那位丈夫能不感受到家的温馨吗？能不感受到妻子那深深的爱吗？当你觉得爱情生活变得日益平静的时候，你可以用幽默来打破这种死气沉沉的平静。

丈夫："你出去时，可别带那只怪模怪样的花狗去。"
妻子："我觉得那条花狗很可爱。"
丈夫："你一定要带它，是想以它做对比，显示出你的美貌吧?"

妻子:"你真糊涂,如果想那样,我还不如带你出去更好!"

有的夫妻很懂得怎样保护自己的幸福,保持爱情的活力。他们以幽默来代替粗鲁无礼的语言,解决日常生活中的分歧。虽然他们也相互挑剔,也会产生纷争,但是经过由幽默产生的情感冲击后,一切纷争都显得微不足道了,经历了冲击后的爱情生活反而显得更加活跃。

有对夫妻是大学里的同学,结婚后经常吵架。两个人都感到忍无可忍了,在一次争吵的高潮中,女的说:"天哪,这哪像个家!我再也不能在这样的家里待下去了!"说完,她就拎起自己放衣服的皮箱,夺门冲了出去。

她刚出门,男的也叫起来:"等等我,咱们一起走!天哪,这样的家有谁能待下去呢!"男的也拎上自己的皮箱,赶上妻子,并把她手中的皮箱接过来。

无论什么情况下,一对善于以幽默来润滑生活轮子的夫妇获得的幸福比任何家庭都多。幽默就是这么高超的艺术。请看下面这位妻子是如何运用幽默让丈夫去做家务的:

妻子:"亲爱的,你能把昨天晚上换下来的衣服洗一下吗?"

丈夫:"不,我还没睡醒呢!"

妻子："我只不过是考验你一下，其实衣服都已经洗好了。"

丈夫："我也只是和你开玩笑，其实我很愿意帮你洗衣服的。"

妻子："我也是在和你开玩笑，既然你愿意，那就请你快去干吧！"

丈夫此时不得不佩服和欣赏妻子的幽默和情趣，高兴地去干不愿干的家务。在家庭中，不仅需要有温柔的感触，也需要有不断激荡的热情和活力。这种热情和活力可以表现出爱情的灵巧、有趣，它能使爱情富有朝气。

罗钦斯基夫人在她写的《生命的乐章》一书中，提到这一段故事：

罗家第一个孩子刚出生不久，一天她坐在楼上卧室里。忽然一阵阵饱满而雄浑的音乐声自楼下升起。这很平常，因为她的丈夫是纽约爱乐交响乐团的指挥。

她问他："你从哪儿找来这样好听的新唱片？"

罗钦斯基先生哄她下楼，她看到一屋子神采飞扬的音乐家正演奏《齐格飞的牧歌》——理查德·瓦格纳为庆祝他的长子诞生而作的曲子。

幽默可以给平淡的生活增添乐趣和笑声，从而激发和唤醒夫妻双方的爱情。

改变心态，柴米油盐皆可幽默

一个男人和一个女人，从相识相爱到一起走入婚姻，从陌生走到婚姻的这一过程，往往是二人一生中最为甜蜜和充满激情的时期。一对情人走进婚姻以后，由于不同的成长环境和生活背景，由于社会日渐风行的自我思维方式，由于锅碗瓢盆、柴米油盐等家庭琐事，往往会造成婚后生活日渐平实乏味，和恋爱时的浪漫激情形成鲜明的反差。

其实，那些都只是表面的现象，其内在的根源在于夫妻双方的心态都发生了变化，因为双方之间过于熟悉而使得生活没有了新鲜的味道。如果夫妻双方能改变心态，用心观察生活，则生活中的柴米油盐皆可成为幽默的素材，给夫妻生活增添新鲜的味道。

在家庭里，男人往往喜欢看体育节目，下面就是一位先生利用足球来制造幽默的例子。

有一对年轻夫妇，因家里只有一台彩电，男的爱看球赛，女的爱看电视连续剧，这样就摆不平了。最后当然是丈夫让步。

不过这位丈夫还算有心计，平日一有机会，他就向妻子灌输点体育知识，谈谈球赛趣闻，久而久之，妻子的兴趣果然被他挑动了，有时也跟他一道收看体育比赛的节目，那真是夫唱妇随了。到了四年一届的世界杯足球赛时，妻子的眼睛已经被精彩的比赛吸引了，这时，他才煞有介事地对妻子说：

"看你这个高兴劲儿，我想起了一句老话。"

"什么话？"

"知足常乐！"

"怎么会想起这句话呢？"

"知足常乐嘛，就是知道足球以后，就会常常乐了呗！"

多么富有情趣的调侃！这样的生活才是风情万种、阳光无限啊！当然，夫妻间的幽默还可借助生活中的其他事物。

总之，不要为生活中的琐事而烦恼，也不要说家庭生活因为有了"柴米油盐"之类的事情而不再浪漫鲜活。运用你的幽默感，发挥你的创造力和想象力，你可以把"柴米油盐"作为你的幽默素材，为你的家人带来快乐，为你的家庭增添无限生机。

用幽默来化解矛盾，关系更密切

幽默是打破夫妻之间僵局的最佳方式。如果你说："你看世界上的冷战都结束了，我们家的冷战是不是也可以松动一下？""瞧你的脸拉那么长干什么！天有阴晴，月有圆缺，半月过去了，月儿也该圆了吧！女人不是月亮吗？"对方听了大多都会"多云转晴"的。

幽默是讲究环境和条件的，如果在具有幽默诱发作用的环境中，具备了成熟的条件，即使文化修养较低的人，也会自然而然地幽默起来。家庭是一个很好的诱发幽默的环境，因为家庭中充满了善意和爱，当然，有时候家庭成员之间，尤其是夫妻之间，也会发生矛盾。当夫妻之间发生矛盾时，我们也可以用幽默来消除紧张，缓和矛盾。

两口子吵架，妻子闹着要同丈夫离婚。他们去县法院的路上，要经过一条不深但很宽的小河。

到了河边，丈夫很快脱掉鞋子走入水中。妻子站在岸边，瞧着冰冷的河水，正愁着怎么过去。丈夫回过头温和地说："我背你过去吧。"

丈夫背着妻子过了河。他们没走多远，妻子说："算了，咱们回去吧！"

丈夫诧异地问："为什么？"

妻子不好意思地低着头说："离婚回来的时候，谁背我过河呢？"

幽默和温和的言语一样，在夫妻之间发生矛盾的时候，幽默所表达的是一种委婉的妥协，既不损及自己的颜面，又能同爱人友好地和解。夫妻之间，貌似嘲笑的关怀幽默总是能够迅速地弥补双方之间的个性差异与感情裂痕，拉近双方的心理距离。下面就是一个这样的故事：

丈夫看见失业的妻子一点儿也不着急找新工作，于是对她说："你怎么一点儿都不懂得废物利用？"

妻子回答说："因为很懂得，所以才嫁给了你。"

丈夫本想教训妻子一顿，却被妻子幽默地驳回，丈夫自然会反思自己没有能耐，还要妻子跑出去赚钱的不对。记住，在婚姻和家庭生活中某些特殊的时刻，对方折损人的话语可能会造成不可磨灭的伤痕，在这种时候，我们要像上面故事中的妻子一样，尽量运用幽默去做妥当的化解。

夫妻俩吵得很凶，老婆气得直说："我真后悔嫁给你，早知如此，我就嫁给魔鬼了！"

"不行，你不能这样做，你难道不懂近亲结婚是法律所不允许的吗？"

面对盛怒的妻子，丈夫幽默地把她比作了魔鬼，从而让妻子在笑声中冷静了下来。

妻子往往喜欢故意刁难丈夫一下，这时丈夫也需要灵机一动的幽默，不然就会陷入窘境。看看下面这个例子：

妻子问丈夫:"如果我和你妈同时落水,你该先救谁?"

这真是一个让人不知如何回答的问题,而聪明的丈夫灵机一动:"当然要先救未来的妈妈!"

丈夫一箭双雕,八面玲珑。 而到底谁是未来的妈妈,女人都可以。 如果你真的有这么一位机灵又好出难题的妻子,那你就得练成临事而顿悟的丈夫了。

恩格斯说过,幽默是具有智慧、教养和道德上的优越感的表现。在家庭成员的交流中寓庄于谐地表达一个严肃的内容,甚至用来进行善意的批评,每每使另一方在轻松的感觉中备受启迪。 当夫妻间发生矛盾时,双方都应该撇开愤怒,抛弃争吵,试试在那一刻能直达人心灵深处的幽默的力量。

夫妻攻讦，幽默回击也充满爱

夫妻从恋爱到婚姻，就是一个从浪漫到现实的过程。我们都知道，理想是美好的，现实是残酷的。面对柴米油盐的生活，夫妻自然会有许多磕磕碰碰的事情，对对方的不满自然就滋生了。并且，夫妻之间的不满积累到一定程度，就会用讽刺来使对方知道自己身上的缺点。使用幽默来还击，按照对方的逻辑去理解或做出推论，将对方侮辱性的话语巧妙地反弹回去，以使对方警醒。

当然，幽默的讽刺一般不会来得太直接，以和风细雨式的为多，这种软刀子常常让人无法发作，如果不能及时反驳就只能吃哑巴亏；如果反驳的方式过于激烈又容易伤和气，把小事扩大化，得不偿失。这种情况下，最好的办法就是使用幽默还击。

妻子说："男人都是胆小鬼。"

丈夫说："不见得吧，否则我怎么会与你结婚？"

妻子拐弯抹角地讽刺丈夫不够优秀。面对妻子的变相指责，丈夫不露声色地进行了反击，从另一个方面为自己解了围，相信这个话题就会到此为止了。

每个人都有自尊心，面对对方的讥讽，如果气急败坏、生气，以至大吵大闹，都只会把自己变成一个小丑，在对方的面前笨拙地表演着，而且正中了对方的下怀。相反，如果用幽默的反击回敬对方，则可以借力打力，转移一部分讥讽的力量，同时让对方也感受到这股力量。

下面的妻子抓住了丈夫话中的矛盾，巧妙的回敬让丈夫无话可说，心里只能赞叹妻子的机智和幽默。

"你说当时向你求婚的人多得数不清？"丈夫生气地责问妻子。

"是呀！很多。"她答道。

"那么，你怎么不和第一个向你求婚的笨蛋结婚呢？"

"对呀！我正是这么做的呀！"

妻子很聪明，从一开始说话就为丈夫设了语言陷阱，丈夫则不知不觉钻进了妻子设的圈套之中。

在使用这类反击意味的幽默时，方式灵活多样，并无定式。面对这些诘问，有些只需要实话实说，有些却需要巧妙撒谎，有时需要适当地夸大，有时需要故意装傻误解其意。但不论怎样，你的回答最好幽默婉转，避免太过直接而引起不必要的难堪，最好能借此传达爱意，使你的话语情意绵绵。另外，还应掌握好一个分寸，一般是对方的攻击有多少分量，反击就有多少分量，这个分量只能适当减轻，最好不要加重。否则，可能会因为反击分量过重而引起新一轮的争吵。

事实上来自于家庭生活之内的讥讽，也会让我们揪心不已，这种揪心，一点也不比那些家庭之外的讥讽轻松。比如有的妻子是个醋坛子，经常会在大庭广众之下突然发飙，让丈夫下不来台。对如此惊险的情况，丈夫们可以学学下面的乔峰，看他是如何幽默地化解妻子的讥讽的。

乔峰陪妻子逛街，实在累了，于是就坐在长椅上休息。妻子这时候看到一个穿着时尚的漂亮女孩坐在不远的地方搔首弄姿。

妻子对乔峰叫道："快看！那个女孩和你崇拜的偶像一模一样！"

但乔峰没有理会他，继续闭目养神。

"难道你真的一点都不感兴趣？"妻子诧异地问道。

乔峰若无其事地说："当然啦。要是她长得像我的偶像，你是绝对不会让我看的！"

乔峰面对妻子的嘲讽，冷静而又幽默地回敬。既批评了妻子平时小气的心理，又表达出自己浓浓的爱意。可见，幽默既能够让嘲讽变得毫无杀伤力，又能给夫妻生活增添很多的情趣。下面这对市长夫妻也是如此。

一次闲聊，丈夫问妻子："你说为什么女人既美丽又愚蠢呢？"

妻子回答说："其实道理很简单，我们美丽，你们才会爱我们；我们愚蠢，我们才会爱你们。"

对于丈夫不怀好意的质问，妻子临危不乱，并没有按照常规的方法来正面反驳，而是炮制了丈夫的办法，来个后发制人，让丈夫掉进了自己预设的陷阱之中。这样的夫妻充满了幽默，生活也必定是其乐融融，让人羡慕不已的。

可见，用幽默回击讥讽，不仅能够让自己全身而退，而且可以增进夫妻之间的感情。

　　幽默是家庭矛盾的"净化剂",是家庭生活的"润滑剂",是感情寒冷期的一件棉袄,是治疗爱人讥讽的一味良药。夫妻之间用幽默来互相讥讽,讥讽里也有爱的芳香。

守护爱神，幽默化解婚姻危机

生活不可能是一帆风顺的，婚姻也是一样，有浓浓的蜜月，自然也会有平淡的日子，还会有不愉快的时光，甚至拧成的疙瘩。当这一切都不可避免时，怎么及时消除婚姻危机就是当务之急了。英国文学家劳伦斯曾说过："世俗生活最有价值的就是幽默感。作为世俗生活的一部分，爱情生活也绝不能少了幽默感。过分的激情或过度的严肃都是错误的，两者都不能持久。"所以，即使在恋爱中两人有分歧，即使你对对方有诸多的不满，也不要忘记还有一种解决方法叫作"幽默"。

美国有人讲，夫妻双方的最佳吸引期是7～8年，而幽默能延长这种吸引期。

有一则幽默多年来一直被奉为夫妻之间幽默的经典：

一位丈夫下班后，没有直接回家，而是和同事去了酒吧，因此他到家的时间比平时晚了两个小时。他的妻子见他回来，大声地诘问道："你到哪里去啦？这么晚了才回家，你有事怎么不提前打个电话？"

丈夫也自知理亏，幽默地说："假如我连这点自由都没有的话，会被人家笑话的，他们会说我不是大丈夫。"

妻子听后笑了。

这位丈夫用幽默的语言，感化了妻子，让家庭生活重新充满了欢乐。其实，在生活中，亲人之间有时有意幽默一下，可以构成一出幽默的喜剧，让生活其乐融融。

在家庭生活中，夫妻之间不免会因为习惯问题发生分歧，如果夫妻二人说话总是一本正经，就容易产生冷漠感，时间长了两人心里都会受不了。所以，一定不要忘记积极去寻找幽默，让你们之间的"谈判"快乐起来。

一天，妻子又在动员丈夫戒烟。丈夫不满地说："你说了半天，我也不知道戒烟到底有多大好处。"

妻子说："第一条，不抽烟能省不少钱呢。你难道没听人说过'三年不抽烟，买头骡子牵'这话吗？"

丈夫问："可是我们并不需要一头骡子，还有其他好处吗？"

"烟含有尼古丁，抽多了短命。"

"好，好，我戒就是了。从现在开始，分两步走。第一步，由每月5条减为3条。"

"第二步呢？"

"到第二个阶段，就只限两个时候抽烟。"

"哪两个时候？"

"下雨和不下雨的时候。"

幽默在夫妻生活中总是扮演一个守护神的角色，在危急时刻，它给人提供安全感，在悲剧时刻，它会引导局势向喜剧方向发展。

家庭之中夫妻争吵是一种普遍现象，不论是伟人还是普通人莫不如此，怨怒之中如果能即兴来一两句幽默，往往会使形势急转而下。

一天，小郑正与妻子看电视，小郑非常同情电视中的男主人公，不禁发出了一声长叹。妻子察觉到了，问道："你不好好看电视，为什么长叹？"

小郑说："人都说：水可载舟，也可覆舟，我想这女人好比是水，男人好比是船。"

没想到他的妻子立刻沉下了脸，厉声问道："自从我跟你结婚到现在，我让你翻过几次船？今天你不说清楚，我跟你没完。"她一边叫嚷，一边揪住了小郑的衣领，眼看一场家庭大战就要爆发。

小郑立即辩解："我想我跟电视上的男主人公一样，是一艘潜水艇，终年潜伏水下，虽不能扬帆千里，也无覆舟之虑，这样才能'天下太平'呀！"

妻子听后转怒为喜。

可见，如若没有幽默，是无法让生活和谐美满的，这是许多人所共有的体会。

妻子："昨天晚上你说梦话了，你知道吗？"
丈夫："不知道，我说了些什么？"
妻子："你好像在骂我。"
丈夫："很有可能，日有所思，夜有所梦。"

两人的话由于都玄虚，攻击性就淡化了，结果只有欢笑而没有伤害。

　　如果家庭中有时碰到难以解释的提问，不妨幽默一回，会轻松地融解尴尬。

　　如此看来，夫妻两人一定要用心去经营婚姻。纵然是出现了婚姻危机也并不可怕，只要学会运用幽默，婚姻一定会顺风顺水。

第七章

即兴幽默：瞬间让人喜欢你

一见如故——与初识之人幽默建交

在我们的一生中,经常可以遇到这种情况:必须和一些不认识的人打交道。打破与他们之间的界限,消除无形的隔膜,顺利地把自己的意见和思想传达、灌输给他们,使他们能欣然接受,并赞成拥护,甚至把他们变成自己的朋友,这需要不凡的智慧。

一见如故、相见恨晚,历来被视为人生一大快事。如今人与人相互之间的交往极其频繁,参观访问、调查考察、观光旅游、应酬赴宴、交涉洽商……善于跟素昧平生者打交道,掌握"一见如故"的诀窍,不仅是一件快乐的事,而且对工作和学习大有裨益。那么,如何才能做到"一见如故"呢?答案是了解幽默,学会幽默,运用幽默来实现与陌生人的相识、相处。

美国作为一个多族裔的移民国家,相互之间的交流极为重要。同时,美国的议会代议和全民选举体制,更要求人们能和不认识的人"一见如故",推销自己的观点和想法。事实上,只要是与人交往就意味着要与不同的人进行沟通,然而有效的沟通往往是在真诚基础上的"一见如故"式的幽默。

有一天,汽车大王亨利·福特在一个偏远的农村驾车兜风。在一处农舍边,他看到一个小孩正在锯木材,小孩年龄大约10岁,技术却十分熟练,更难得的是他看到陌生人后一点也不怕,与一般的乡下小孩有很大的不同。

亨利·福特的童心大起,于是便走上前去帮他拉锯。可是很明显,福特的技术与小孩相去甚远。小孩也不以为意,甚至还耐心地指导福特。

过了好一会儿,福特终于忍不住说道:"阁下可知道,你正跟亨利·福特在锯木材?"只见那孩子好像没事人似的回答:"我不知道,可是我要告诉你,你在跟罗勃·李锯木材。"

或许这个小孩子并不是有意说出那样幽默的话语,只是持有一颗天真的童心,去说了事实上本该如此的话。可正是因为他那不怯生的趣味之言,赢得了亨利·福特的欣赏与青睐。由此可见,"一见如故"的幽默能够拉近与陌生人之间的感情距离,将自己很快地融入群体之中,赢得人们的接受与欣赏。

我们每一个人都应当学会像福特一样,能够与不认识的人即兴地实现"一见如故"的幽默说服术,因为:

首先,第一次和别人打交道时,双方都不免有些拘谨,有层隔膜。如果能有人主动、幽默地打破这层隔膜,对方也能很快融入进来,这种假的"一见如故"在双方看来,就变成了真的一见如故。

其次,很多时候我们只和一些人"擦肩而过",但世界如此之小,在社会中生存的我们说不定什么时候需要他们的帮助。即兴幽默施于人,收获日后的人情才能办成事、办好事。

临时发挥——化忌为吉的幽默术

在现实生活中，由于受传统文化的影响，人们的大脑中存在着许多忌讳观念。如大年三十不能说"死""亡""灭"等不吉利的词语，吹灭蜡烛应当说成"止烛"；婚宴上不能说"离""散""死"等词语。诸如此种禁忌，在我们的生活中是很常见的，但有时不自觉地说出或做出了一些有违"大忌"的话或事时，如何应付呢？这就要用到一种"临时发挥，化忌为吉"的幽默术。

这种幽默术就是在不自觉地做了或说了一些有违"大忌"的事或话时，或者由于客观的原因而带来一些不愉快、不吉利的事情时，及时地用一些双关语、名诗佳句、谐音字词等化忌为吉，消除尴尬，抹掉人们心头的阴影，使快乐重新回到心头。从这个意义上说，临时发挥的化忌为吉的幽默术是一种利人利己的说话艺术，这种幽默术在生活以及工作等场合中均很适用，值得大家了解和学习，更值得大家学以致用。

大刘应邀参加一位朋友的婚礼，可天公不作美，小雨从早到晚一刻也未停过。等大刘赶到朋友家时，衣服上溅满了星星点点的泥水。当新人双双向他敬酒时，朋友看到他满身泥水，略带歉意地说："冒雨前来，辛苦了。这都怪我没选好日子。"大刘赶忙接过话茬幽默地说："老兄此言差矣，自古道：'久旱逢甘霖，他乡遇故知，洞房花烛夜，金榜题名时'，这人生的四大喜事，让你们小两口一天就赶上了两个，这才叫双喜临门呢。"一句话说得满堂喝彩。

大刘机智的临场发挥，使本来不受婚礼欢迎的雨，瞬息之间带上了逗乐喜庆的色彩。临场发挥的幽默，让人们在无意的禁忌中忘却旧观念的忧愁。

中国人说话做事情往往盼着吉利，尤其是在重要的节日里面。如果你不小心说错一句犯忌讳的话，抑或无意中做了一件冲风俗的事情，这个时候不要一味地自责或者责怪他人，要顺势将自己的无心之过转换为一种吉利的解释。

有一顽童，正月初一那天，一大早便出门找伙伴戏耍去了。玩了一段时间后，发现自己头上一顶崭新的帽子不知何时丢了。于是心惊胆战地跑回家去，对他母亲"汇报"了一下大体情况。要是在平时发生这种情况，母亲一定会大声斥责他。可是今天是大年初一，不能骂孩子，尽管心里很火，也硬忍着没有爆发。这时，来他家串门的邻居李叔听了后，笑着说："狗娃子的帽子丢了，这没关系，这不正好意味着'出头'了吗？今年你一定走好运，有好日子过了。"一句话，说得孩子的母亲转怒为喜，并附和着说："对！对！狗娃从此出头了。"于是大家一阵哈哈大笑。

大年初一丢了帽子，可谓是触了大忌，最起码也会使过年的欢庆气氛大大扫兴。可是邻居李叔的一句话，化忌为吉，引来一片皆大欢喜的吉祥气氛。

就坡打滚——故作不知的幽默技巧

幽默口才不只是口头表达，更在于幽默思想的自然流露。拥有幽默底蕴的人往往在举手投足间显示出幽默的处变不惊。

正所谓幽默的表面是口才的悦耳，幽默的本质却是心态的淡定与做事的圆融。就坡打滚作为即兴幽默的技巧之一，体现的是智慧的优雅以及思维的活力。在生活或工作中，在与人交际中经常会遇到很多意想不到的"坡"，这个时候最愚蠢的做法是逆坡而上，最聪明的做法就是顺着坡度打个滚。就坡打滚，不仅仅能够幽默他人，更能够凸显自己的品质，抬高自己的精神品位。

在这里，你将可以通过这位优雅主持人就坡打滚式的精彩幽默来领略幽默救场的魅力。

在舞台上，一位杂技演员正卖力地表演踩蛋绝活，一不留神，把脚下的一个鸡蛋踩碎了，这一切全暴露在观众的眼里，台下顿时一阵骚动。

这位演员很尴尬地又换了一个鸡蛋。这时，主持人忙打圆场："为了增加艺术效果，证实鸡蛋是真的，所以演员故意踩碎了一个给大家看。"

也许上帝就爱这么捉弄人，主持人话音还没有落，演员脚下的鸡蛋又踩碎了一个。

观众的眼光马上转向主持人：这回看你怎么说。只见主持人无可奈何地叹了口气，说："唉，社会上的伪劣产品屡禁不绝，看来政府真得加大打击力度了，这不，连母鸡都生产劣质产品了！"

主持人的幽默是典型的就坡打滚式的幽默，面对杂技演员的一次次失误，面对观众们一次次的骚动以及对主持人打圆场的期待，这位主持人并没有令大家失望，他的圆场幽默一次比一次显得生动有趣。

这位主持人是聪明人，聪明人总会在关键的时候为自己和他人赢得一份幽默的答复。就坡打滚式的幽默不仅能够让他人在瞬间的尴尬中摆脱困扰，亦能够让自己的智慧闪光，赢得更多人的佩服、尊重和喜爱。

主持人的这一招的确高明，恰到好处的打滚式幽默，让他在突发事件中表现出故作不知的糊涂。这是对幽默思想精髓在做事上的即兴运用，是用行为向人们传达的一种幽默趣味的生活态度。

故作不知的幽默技巧，是大智若愚的灵活应对，是意外遇到即兴智慧的巧妙碰撞。即兴幽默体现的是一种处世技巧，故作不知让自己拥抱好运，让他人亲近快乐。

因此，在即兴的幽默口才中，幽默的语言需要遵循他人的心理活动，将他人喜欢听到的话恰到好处地说出来，不仅不会让自己冒失，反而会让自己在尴尬中实现灵活应对，提升自己在他人心目中的好感。

将错就错——顺理成章中显智慧

幽默是一种即兴的智慧，幽默的交谈不会让你打草稿，因为你无法预料自己将会处在一种什么情境。在不同的情境中应该懂得随机应变的语言艺术。掌握了随机应变的幽默技巧，即使在语言沟通中出现了失误，也不用担心，因为你的机智会为你解围。

或许，别人会因为无意中伤害到你而感到羞愧万分、左右不是，这时你不妨用恰当的言辞宽容待之。

一次，李某在商店把一位短发的售货员当作男同志招呼，当她转过身，他才发现人家分明是黛眉朱唇的小姐。小姐看到李某难为情的样子，便打趣说："明天，看来我只得穿裙子来上班了，不然恐怕连我的男朋友从背后也认不出我了。"

小小的玩笑，显示出了她的善解人意和风趣，也让李某的尴尬烟消云散。

幽默是一种不同凡响的表现力，因为幽默可以帮助人们应对各种不可预料的、难以对付的局面。幽默能够使人从尴尬的泥淖中跳出，也能够使人在难堪中化被动为主动。幽默的智慧可以让一个人为了维护自己的尊严而将错就错。

很多时候，将错就错，契合情境，总能出奇制胜。将错就错，化解尴尬讲究随机应变。将错就错也是一着险棋，"就错"之前要给自己找到相应的理由，使别人也认同你的错误并非错误才行，否则，就是死不认错，会给人一种粗野无知、冥顽不化的印象。

以静制动——应对别人指责嘲笑

当别人当着众人的面，指责你的错误后，会令你感到不快，甚至会让你窘迫难堪，尴尬至极。这个时候你该怎么办？你会因为觉得十分没有面子，而对对方心存怨恨，甚至大口谩骂吗？而聪明的人在应对别人当众指责的时候会这样做：

斯坦顿是美国女权运动家。

当一次女权运动的会议在罗切斯特召开时，一位已婚牧师指责斯坦顿夫人在公开场合发表演讲。

他不满地说："使徒保罗提议妇女保持沉默，您为什么要反对他呢？"

"保罗不也提议牧师应保持独身吗？您难道听话吗？我的牧师大人。"斯坦顿夫人挖苦道。

斯坦顿夫人面对牧师的指责，没有大骂，也没有强烈地表现出自己的尴尬与不满，她选择了淡定而又从容的回答，以其人之道还治其人之身，用对方的言辞逻辑回击了对方的指责，这是一种淡定的幽默。应对别人当众指责的最有效的方法即是：以静制动。

受人指责终归是件不快之事，而受人当众指责，那更是令你不快，甚至会让你窘迫难堪，尴尬至极。这是一个协作生存的社会，无论是工作还是生活，也无论是何时还是何地，人都难免犯错，触及他人的利益，从而引起不满，导致他人对你的指责。当然，也存在这样一种情况，错并不在你，而是一些无聊之人，他们或抱着一种嫉妒，或抱着一种偏见，来当众对你进行攻击，目的就是要让你颜面扫地。

当他人当众对你大加指责，甚至是来一顿劈头盖脸的斥骂时，无论这种指责是善意的还是恶意的，你都要招架住，采取幽默灵活的应对措施，让这个令你无地自容的尴尬氛围及时得以化解。

当有人怒气冲冲地当众对你大加指责时，你可像斯坦顿夫人一样采取淡定的幽默反击态度，以静制动，幽默应对对方对自己的无礼攻击。施以如此态度，实则也就是给他最严厉的迎头痛击。见到你如此反应，他也就会自感索然无味，悻悻而退。当有人因为你在公众场合的出丑而嘲笑你的时候，不要太计较，更不要过于流露出自己的愤怒，多一点幽默的雅量应对嘲笑，你就会多一份淡定的优雅对待自己，成功者每战必胜的原因，就是当对手急不可耐时，他们依然保持着超常的冷静与沉着。其中，应对他人当众指责的幽默口才修炼方法主要可通过移花接木来实现。即对别人的当众指责或者嘲笑，可幽默化解，来个张冠李戴，将原本只适合于甲种场合的话，移植到乙种场合来说。

拥有大智大德的人一般会懂得，在面对他人的无礼与失态时，如果自己也沉不住气而进行无礼的反击，则会让自己在卑微中失去他人的敬重之心。因为面对外界不好的声音，不妨让自己多一份雅量，用幽默对待攻击的方式远比强硬更有力量得多。

即兴聊天——幽默捧场，愉悦情怀

聊天可以调节心理、愉悦情怀，让一个人远离烦闷的侵扰。幽默的聊天作为即兴聊天的一种特殊形式，往往在给人们带来无限趣味的同时，让聊天的过程以及结果充满着轻松的释压作用。

即兴的幽默聊天作为一种交际，并不是所有人都能够对它的重要性具有深刻的认识。对于如何利用聊天聊出名堂来，善于幽默言谈的人有他们自己独到的方式方法。

幽默聊天从本质上说是没有什么目的的，可以海阔天空地聊天，图的就是聊天的那种快乐与随意中的惬意。但从微观来说，闲聊未必就"闲"，口才幽默的人能从闲聊中聊出感情来，使之达到一定的目的。在这个过程中，他们可以掌握闲聊的方式和话题，把它变作具有目的性的幽默交流。

会说话的人总是有目的地选择话题。他们不会因为是与他人聊天，而忽视了谈话的禁忌性。在聊天中，搬弄是非、贬抑他人的话题更是需要回避，对方的忌讳和缺点也不应提及。否则即兴的幽默聊天就失去了聊天的意义，而会让自己陷入无知甚至是没有脑子的尴尬境地。

幽默的闲谈是对自身资源的一次挖掘，很考验一个人的知识水平和文化层次，平时除了你最关心、最感兴趣的问题之外，你要多储备一些和别人"闲谈"的资料。这些资料应轻松、有趣，容易引起别人的注意。除了天气之外，还有些常用的闲谈资料。

比如，自己闹过的有些无伤大雅的笑话，像买东西上当、语言上的误会等，这一类的笑话，多数人都爱听。如果把别人闹的笑话拿来讲,固然也可以得到同样的效果,但对于那个闹笑话的人,就未免有点不敬,当然,只要你不指名道姓就可以。讲自己闹过的笑话,开自己的玩笑,除去能够博人一笑之外,还会使人觉得你为人很随和,很容易相处。

当然,人人都喜欢听笑话,假如你构思了大量的笑话,而又富有说笑话的经验的话,那你恐怕是最受人欢迎的人了。

与人幽默闲谈是人际交流中的必要环节,但是需要注意的是,很多人在幽默闲谈中往往把握不好分寸,甚至说一些不负责任的闲话,而这些闲话中难免会涉及别人的是非,如果说得多了,可能会伤害到一些人。

随机应变——幽默口才的即兴法宝

任何事物的发展都不是一条直线的，聪明人能看到直中之曲和曲中之直，并不失时机地把握事物迂回发展的规律，通过迂回应变，达到既定的目标。幽默口才最重要的特质就是能够随机应变，没有了随机应变的依托，幽默就失去了涵养的内在而成为"金玉其外，败絮其中"的一个空泛的壳子。

相同的事情，别人做得很顺利，到你做的时候一定不要照搬，因为可能事情已经发生变化了；相同的意思，别人说得很幽默，你说的时候也一定不要照学，因为说话的场景已经发生了变化。会说话、有幽默口才的人往往能够在各种语境中实现随机应变。昂扎曼恩就是一个能够将随机应变运用到极致的幽默智者。

昂扎曼恩在柏林剧院演出时，喜欢即兴发挥几句，害得跟他搭档的演员无所适从。因此，导演让他不要再搞什么即兴创作。可第二天夜场的时候，当他骑在马上上台时，马竟然在台上撒起尿来，引得观众捧腹大笑。

"你怎么忘了，"昂扎曼恩像往常一样，并没有被这突如其来的事情搞得手足无措，他幽默地对马厉声喝道，"导演是不许我们即兴表演的，难道你没有听见吗？"

昂扎曼恩的这句话更是让台下的观众爆笑不已，可想而知，这又是一次成功的演出，昂扎曼恩随机应变的幽默让马的失态成了表演的笑点。随机应变让一切变化不在自己的掌控之中，却又能操纵在自己的把控范围之中，因为幽默的智者能对一切突然的变化给予幽默的应对。

"一言之辩，重于九鼎之宝；三寸之舌，强于百万之师。"刘勰在《文心雕龙》中曾这样高度评价口才的作用。如今越来越多的人甚至把口才、原子弹和金钱并称为新时代的三大武器。的确，当人类进入文明社会之后，检验一个人是否有能力，以及这种能力能否发挥出来的一个最重要因素就是他是否具备极佳的口才。幽默作为极佳的口才之一，能化解嘲笑的性质，让他人的嘲笑变成对你的敬重。

随机应变的幽默在交际中的作用如此众多，然而，现实生活中有许多人却说话并不流利，若和几个熟人东拉西扯还可以，可是一到紧要关头就傻了眼，一句有用的话也说不上来。由于缺乏随机应变的口才技巧，处处觉得词不达意，要么身陷窘境，要么得罪了他人。看到别人能说会道、妙语连珠、巧于周旋，不由得很羡慕。而原本属于自己的升迁、成功、爱情等，也因一时的"笨嘴笨舌"随之化为泡影。

掌握随机应变的幽默口才，自然成了人们心中的渴望。毕竟拥有随机应变的幽默口才便可应付成功路上遇到的各种意外与突发情况，就能够让自己在曲折的人生路上披荆斩棘，尽早使自己心想事成。

变通幽默——就比别人会说一点

即兴幽默重在变通，变通能让幽默为自己赢得情面，为他人铺下"台阶"。在变通幽默的规则中，想要成功就应该学会比别人会说一点——幽默一点。

纵观古今，于关键时刻舌灿莲花者不在少数。明其言让敌军卷甲归去的陈轸明；行者说六国得以安的苏秦；一段利辞使秦相范雎拱手让出相位的蔡泽；舌战群儒促成吴蜀联盟的诸葛亮……他们用无数的事实表明，在许多非常场合，施展变通的幽默口才，可以使你步出尴尬境地，赢得众人的赞许，并能于各种生存处境中游刃有余，如鱼得水，有时甚至可以力挽狂澜，起死回生。

在《草船借箭》中扮演周瑜的演员有意作弄那位扮演诸葛亮的演员，看这位"亮兄"是否能幽默地变通。

当"诸葛亮"按戏文程序向"周瑜"说："都督军务繁忙，亮不打搅了，就此告辞。"说罢，摇着羽扇欲走。"周瑜"一把拉住"诸葛亮"："先生慢走，"然后向前上方一指，"你瞧天边有一朵黑云，不知有何凶吉，请先生指教！"

因戏文里没有这句台词，这一问，把扮演诸葛亮的演员问愣了，连摇着的羽毛扇也停住了。他再一看"周瑜"脸色，知道是恶作剧，不由得支吾道："这个嘛……"但他猛地眉头一皱，计上心来。于是从容地摇着羽扇答道："都督，此乃天机，不可泄露，你附耳过来。""周瑜"只得走近"诸葛亮"，把耳朵凑过去。

"诸葛亮"对着"周瑜"的耳朵低声骂道："你这该死的，谁让你在台上胡闹，我把你……""周瑜"被骂得满脸通红，但还是面向台下观众说："先生高见，真乃当世奇才。"

变通的幽默是每一个艺术表演者的基本素质，它能让你临危不乱，从容应对突发的情况。

俗话说："变则通，通则久！"在一些暂时没有办法扭转的事情面前，我们应该学着变通，不能死钻牛角尖，此路不通就换另一条路。有更好的机会就赶快抓住，生活不是一成不变的，有时候我们转过身就会发现，原来我们身后也藏着机遇，只是当时我们赶路太急，忽略了那些美好的事物。

相信人们一旦真正拥有变通的幽默技巧，就能在五花八门的交际圈中脱颖而出，成为众人瞩目的焦点。同时，无论是日常生活的即兴交谈，还是面对成千上万观众的即兴演讲；无论是小到两个人的谈情说爱，还是大至两国之间的商榷谈判；无论是职场环境中和上司、同事及下属的和睦相处，还是辩论场上的风云际会，变通的幽默口才艺术都会助你一臂之力，让你的人生如沐春风，让你的事业青云直上。

变通的幽默威力巨大，实现过程却并不复杂，实现变通的幽默只需要比别人会说一点，思维懂得在死板处转个弯。借用诙谐的语言、变通的智慧，成功到达胜利的彼岸已经不再是难题。

第八章

幽默说服：在笑声中说服对方

幽默说理，轻松劝诫

在交际中，当我们需要劝诫他人的时候，通常采取什么方法呢？苦口婆心，还是讲大道理？不管是前者还是后者，所带来的效果都是细微的、不显著的。假如我们希望自己所说的话能被别人听进去，而且达到了劝诫的目的，那肯定需要运用幽默说理。因为在很多时候，我们所劝诫的对象有可能是我们的上司或长辈，如果说话太过直接，那就可能驳了对方的面子，而我们想要劝诫的愿望注定会落空。因此，在这种情况下，我们要善于把诙谐风趣的语言融入其中，这样才容易被人接受。

纪晓岚是清代乾隆年间有名的大才子，无论是写作还是说话的功夫在朝廷之中无人能及。

有一天，乾隆皇帝为了检验一下他说话的本领，就把他召进宫来，对他说："昨天晚上贵妃生了一个孩子，你吟一首诗吧。"纪晓岚张口吟道："君王昨夜降金龙。"金龙两个字显然是在拍皇帝老儿的马屁，谁知乾隆皇帝并不买账，冷冷地说了一句："你错了，是个女孩！"才思敏捷的纪晓岚马上改口道："化作嫦娥下九重。"一个"化"字，将"金龙"变成了"嫦娥"，男变女的事转接得天衣无缝，可是乾隆仍然不依不饶，说："生下来就死了！"这可是一个难题，不过并没有难道才高八斗的纪晓岚，他顺口说道："料是人间养不住。"既表明了孩子的死，又显示了龙种和凡人的区别。

乾隆皇帝接着说:"已经把她扔到金水河里了。"话刚说完,纪晓岚就吟道:"翻身跃入水晶宫。"这句话再次把龙种升华。乾隆皇帝听了,不禁拊掌大笑,夸奖纪晓岚的聪明机智。

在这个故事中,我们当然能看出纪晓岚的说话功夫了得,不过,在应对乾隆皇帝咄咄逼人的过程中,纪晓岚除了具备随机应变的能力之外,而且极具幽默的言辞。面对乾隆皇帝所说的"坏消息",他可以用风趣诙谐的语言进行安慰,这样的口才技能实在无人能及。在向上级劝诫的时候,我们更需要小心谨慎,既说出了自己的内心话,也能以幽默说服对方。

黄熙成为新科状元之后,有幸陪同乾隆皇帝来到苏州园林之一的狮子林游园。乾隆皇帝看到迷人的建筑风景,兴致勃勃,叫人拿过纸笔,乘兴写下了"真有趣"三个大字,之后让手下人拿去装裱,准备把这几个字作为园林的匾额。

黄熙觉得这样的题字太俗气,根本拿不出手。他想劝皇帝改一下,但是又怕乾隆爷龙颜大怒,不仅不听劝,说不定连自己头上吃饭的家伙也保不住,只好暗自咽了口吐沫,准备等待时机再向皇帝进言。乾隆皇帝兴致勃勃,游兴不减,看样子是不会因为一点小事生气的,黄熙心里有了底,便跪下对乾隆皇帝说:"适才圣上题的字苍劲浑厚、意蕴高古,让学生十分佩服,恳请圣上将'有'字赐予学生,让学生可以每日观摩临习。"

乾隆一听便明白了,心里想:"这个家伙明明是在告诉我这个字用得不好，但又怕伤了我的面子，即用这种方法来提意见，也算得上费尽一番苦心了。"于是，就赞许地点了点头，顺水推舟，对身边的太监说："就将'有'字剪下来给他吧！"

从此之后，苍劲有力的御笔题名"真趣"二字就挂在了狮子林的大门口，后世的游客们来到这里，都赞叹乾隆皇帝的书法和文思。

在古代，向皇帝提出建议和意见是每一个大臣的责任。但是，有些人在进谏的时候，方式上显得太过僵硬，认为向皇帝提意见就要和皇帝较真，非让皇帝在大怒之后去接受他的意见。因此，很多人在向皇帝提意见的时候，总喜欢唱反调，不懂得幽默说理，最终不仅没有让皇帝接受他的意见，还把自己的脑袋丢了。黄熙是很聪明的，他不像别人那样去"批龙鳞"，而是用一个比较幽默的方式委婉地向皇帝提出了意见，不仅让乾隆帝愉快地接受了他的建议，也保住了自己的脑袋，真不愧是幽默高手。

幽默的劝导,"忠言"也"顺耳"

成功的劝导是需要高超技巧和艺术的。劝导别人,是我们在工作和生活中经常遇到的事,然而,不同的劝导方式会带来不同的结果,真正达到劝导的目的往往并不容易。人们在劝导别人时,往往会在不经意间就触动了别人的自尊,这样就无异于火上浇油,最终弄巧成拙。如果在劝导的语言中加入幽默的元素,丝丝入扣、娓娓道来,则更能打动人心。俗话说:"忠言逆耳。"一般太直接地劝说别人常常让人心生尴尬和不快,不仅达不到劝说的效果,还可能会伤及双方颜面。如果我们换种方式,让原本生硬的直接劝说变得温和一些,"忠言"也会是"顺耳"的。

宋高宗时,有一次宫廷厨师煮的馄饨没有熟,高宗大怒,下令把厨师关进大牢,听候处斩。这件事没过多久,皇宫请了一些戏班到宫中表演。在一个节目中,两个扮作读书人的演员相互询问对方的生日时辰。一个说是"甲子生",另一个说是"丙子生"。

这时,班主马上来到高宗面前,控告说:"圣上明鉴,这两个人都应该下大牢。"高宗觉得蹊跷,问是什么原因。班主说:"甲子、丙子都是生的,不是与那个没把馄饨煮熟的厨师同罪吗?"高宗一听,大笑了起来,赦免了那个"馄饨生"的厨师。

班主借高宗"馄饨生就下大牢"这个前提，得出了一个错误的结论：是"生"就应该下大狱，因此，"甲子生""丙子生"也该下大狱。这显然是荒诞不经的，高宗听到这样的结论先是笑，继而是思考，明白自己处置厨师也是不合情理的，因此下令放了厨师。
　　这种看似借题发挥的说服方式可以在尽量顾全对方面子的同时发挥劝说的功能，以达成劝服效果。这种幽默的劝服能够让当事人的心理较为平衡，更加容易接受自身的缺点并加以改正。

　　　　一对青年恋人在路边大声争吵，眼看就要大动干戈。这时，邻居大婶撑着一把雨伞站到他们旁边，看他们吵架。
　　　　这对恋人看到她的举动，很不解，因为天气晴朗，并未下雨。他们禁不住停下争吵，好奇地问道："大婶，这么好的天气，你撑伞干吗啊？"
　　　　大婶一本正经地说："待会儿肯定要下大雨。你看刚才（你们脸上）乌云密布，（嘴里）雷声轰隆，我就知道等会肯定会下大雨。"
　　　　这对恋人禁不住莞尔一笑，气也消了不少。

　　幽默劝服的魅力，如同镇静剂一样，让行为偏激的激动者冷静下来。在劝导中以幽默与诙谐作为佐料，可以让劝导更加有力、更加深入其心，也能让对方感受到热情与温暖，这样的"忠言"听着也"顺耳"，从而更加容易被人接受。

正话反说，曲折中打动他人

有些话直接说可能会使对方不能接受，为了避免尴尬，不妨正话反说。

正话反说，有时表面是肯定，实际是否定，在大起大落的语言变化中，透示出诙谐的乐趣，因而达到言此就彼的言语张力。

汉武帝刘彻有位乳母，在宫外犯了罪，被官府抓了，并禀告汉武帝。汉武帝心中十分为难，毕竟是自己的乳母，滴水之恩当涌泉相报，何况自己是被她的乳汁养大的。但是，天子犯法与庶民同罪，如果不处置她，有失自己天子的尊严，以后何以君临天下。思来想去，汉武帝决定以大局为重，依法处置自己的乳母。

乳母深知汉武帝的为人，知道自己凶多吉少，便想起了能言善辩的东方朔，请求东方朔帮自己一把。

东方朔也颇感为难，他想了想说："办法也有，但必须靠你自己。"

乳母急切地问："什么办法？"

东方朔说："你只要在被抓走的时候，不断地回头注视武帝，但千万不要说话，也许还有一线希望。"

乳母虽不解其中玄机，但还是点了点头。

当传讯这位乳母时，她有意走到武帝面前向他辞行，用哀怨的眼神注视着武帝，几次欲言又止。汉武帝看着她，心里很不是滋味，有心想赦免她，又苦于君无戏言，无法反悔。

东方朔将这一切看在眼中，知道时机成熟了，便走过去，对那位乳母说："你也太痴心了，如今皇上早已长大成人，哪里还会再靠你的乳汁活命呢？你不要再看了，赶紧走吧。"

武帝听出了东方朔的话外之音，又想起了小时候乳母对自己的百般疼爱，终于不忍心看乳母被处以刑罚，遂法外开恩，将她赦免了。

东方朔一番反弹琵琶终于救了乳母。同样，齐国的晏子也深谙此道。

一次，一个马夫杀掉了齐景公最爱的一匹老马。因为那匹马实在太老了，又得了一种怪病，马夫怕那匹马把疾病传染给别的马，便擅自做主，将老马杀了。

哪知，虽是匹老马，在齐景公的眼中却仍是他的爱物，毕竟那匹马跟随他那么多年，多少次随他出生入死，立下汗马功劳，如今却被人擅自杀掉了。齐景公不禁勃然大怒，立即命令左右绑了马夫，他要亲自杀了马夫为自己的爱马报仇。

那名马夫没想到自己的一番好意竟惹来了杀身之祸，早已吓得面如土色，一句话也说不出来。

晏子在一旁看见了，急忙拦住齐景公："大王不必着急，你就这样杀了他，他连自己犯了什么罪都不明白便送了命，太便宜他了。臣愿替大王历数他的罪过，然后再杀也不迟啊？"

齐景公一听，言之有理，便答应了晏子。

于是，晏子走近马夫，装作气急败坏的样子，用手指着马夫，厉声说道："你可知犯了什么罪？"

"不，不知道。"马夫早已站立不住，浑身颤抖着说。

"第一，你为我们的国君养马，却把马给杀了。虽然那匹马又老又有病，但它是国君的马。就冲这一点，此罪当死。

"第二条，你使我们的国君因马被杀而不得不杀掉养马之人，此罪当死。

"第三条，你使国君因为马被杀而杀掉养马之人，此事必会遍传四邻诸侯，使得人人皆知我们的国君爱马不爱人，得一不仁不义之名，此罪又当死。

"第四条……"

晏子还要接着往下说，但齐景公早已坐不住了，连忙打断晏子："不必说了，夫子放了他吧，免得让我落一个不仁不义之恶名，让天下人笑话。"就这样，马夫得救了。

人们常常说真理向前一步就可能变成谬误，同理，反面的话稍加引申就可能成为反面的反面——正面。正话反说所能起到的作用，往往比一本正经的规劝和说教效果要好得多。

巧作类比，让人信服

巧作类比是把较为简单的事理与复杂的事理相比较，从较为简单的事理证明或推论出与之有某些相似之处的复杂事理。这种方法，因其简明直观，往往一下子就能打动人心，使其信服。

春秋时期，晋国国君晋灵公，奢侈腐化，不惜民力。有一年，他下令兴工建造一个九层的高台。这需要大量的人力物力，这无疑会给老百姓造成沉重的负担，使国力衰竭。因此，大臣和老百姓都反对建九层高台。但是，晋灵公坚持己见，并且在朝堂上严厉地对大臣说："敢有劝阻建高台的，立即斩首！"气氛十分紧张。一些想保全身家性命的大臣，都吓得噤若寒蝉，谁还敢说反对的话！

这时，有个叫孙息的大臣求见晋灵公。君臣见面后，孙息对灵公说："我能把九个棋子堆在一起，上面还能放上九个鸡蛋。"晋灵公听到这事感觉十分新鲜，不相信孙息会有这么高的技艺，但是又急于一饱眼福。他说："我缺少学问知识，还从未听过和见过这种事，今天就请你给我摆摆看！"孙息当然清楚，如果国君认为是欺骗了他，就会有杀头的危险。当晋灵公叫人拿来棋子和鸡蛋，孙息便动手摆了起来。他先是小心翼翼地把九个棋子堆了起来，然后又小心地将鸡蛋放置在棋子上。只见他放上一个鸡蛋，又放第二个、第三个……战战兢兢，如履薄冰。

这时，满屋里的气氛十分紧张、沉寂，只能听鸡蛋碰棋子的声音，围观的大臣们屏住呼吸，生怕鸡蛋落下来。孙息紧张得额头冒汗。晋灵公看到这情景，实在耐不住了，上气不接下气地说："危险！危险！"灵公刚说完"危险"，孙息从容不迫地说："我倒感到这算不了什么危险，还有比这更危险的呢！""啊！"晋灵公惊诧了一声，"有什么比这更危险的呢？"孙息手里握着正要放置的鸡蛋，慢条斯理地说："建九层之台就比这危险，三年都不一定建得成，这三年之中，要征用全国的壮丁服劳役，男不得耕，女不得织，国库空虚，户口减少，逼得人民活不下去，就会逃亡、谋反。邻国见我国弱民穷，就会兴兵犯境。如果国家灭亡了，大王您自己也就完了。这能说比不上摆棋子鸡蛋更危险吗？"灵公听到十分合理又十分可怕的警告，不由得吓出一身冷汗，对孙息说："搞九层之台，是我的过错。"立即命令平毁正在施工中的九层之台。

婉言曲说地劝谏

幽默作为语言艺术，与修辞手段密切相连，这个话题所要谈论的婉言曲说就是其中的一例，它与修辞格中的委婉修辞方法相似，但委婉修辞方式不能带给人幽默。

比如说，资料室要下班了，一个读者还依依不舍，不愿离去，管理员走过来，和蔼地说："下班了，你要看的书夹个条子，明天还留给你先看。"

这里管理员采用了婉曲的修辞方式，语言温和而含蓄，但丝毫没有幽默感。现在我们谈论的"婉言曲说"的幽默法，是说话人故意把所要表达的本意绕个圈子曲折地说出来，利用婉言来获得幽默效果。

许多场合，说话双方的言辞并非永远都是剑拔弩张、锋芒毕露、直截了当，有时又需委婉含蓄、旁敲侧击，可谓直道好跑马，曲径可通幽，各有妙处。有时候，用动听入耳的言辞、温和委婉含蓄的语气、平易近人的态度、曲折隐晦的暗语，更能使对方理解自己、信任自己，从而达到说服的目的，产生出奇制胜的效果。

婉言曲说的幽默之法，还可理解为拐弯抹角、曲折暗示地说，从而达到表述隐衷的目的。在通常情况下，幽默与直截了当地表述隐衷无缘，直抒胸臆是抒情的效果，而不是幽默的效果。

一般来说，幽默都以间接暗示诱使对方顿悟为上，如有隐衷，拐弯道出比一吐无余聪明。

社交场中有许多冲突，由于某些利害关系，批评以暗示为上，最好是以荒诞不经的方式启示对方顿悟。

公元前613年，楚庄王熊旅继位，当时的朝政由斗克和公子燮把持，庄王只是一个傀儡。他即位起初的三年时间里，日夜饮酒作乐，并下了一道命令：有来劝谏者处死。眼看朝廷政事混乱不堪，国势日益衰微，大臣成公贾冒死请求庄王接见。庄王一见成公贾，便大声责问道："你难道不知我禁止劝谏的命令吗？"成公贾故作惊惶地答道："大王之令我岂会不知？我是来出谜语为大王助兴的。"庄王一听，改怒为喜地说："你说说看吧。"成公贾说："南山上有一只大鸟，三年里站在大树上不飞不动也不叫，不知道这是什么鸟。"庄王沉思了一会儿说："三年不飞，一飞冲天；三年不鸣，一鸣惊人。这是只不同凡俗的鸟。你的意思我懂了，你下去吧！"从此以后，庄王一改往日颓废的作风，亲理朝政，提拔贤能，智除奸佞，国势蒸蒸日上。

在古代，臣子看到君王有过失，进谏时都讲究说话的含蓄。如果大臣有损"龙颜"，是要杀头的。成公贾运用委婉的论辩方式，令楚庄王愉快地接受了他的劝谏。

有一次，秦王和中期发生了争论，结果中期赢了，而秦王却输了。中期若无其事、大摇大摆地走出了皇宫。秦王大怒，暴跳如雷，决心要把中期杀掉，以解心头大恨。这时，在秦王身边有个和中期要好的人对秦王说："中期这个人实在是个暴徒,一点也不懂规矩。他幸好遇到大王这样贤明的君主才能活命。如果遇到桀纣那样的暴君,早就没命了!"

秦王一听,也就不好再加罪于中期了。

在秦王盛怒的情况下,要为中期辩护,如果直言劝说秦王不要杀中期,这样只能是火上浇油,适得其反。这时,中期的朋友采用了委婉曲折式,简单的几句话却有着丰富的含义。既有对中期的指责,又有对若杀中期则是暴君的暗示,还有不杀中期则是贤君的称赞,秦王的火气一下子就平息了下来,也就不好再对中期下手了。

比喻论证术的幽默魅力

一个生动形象的比喻,能化深奥为浅显、化抽象为具体、化生僻为通俗,同时能启发人们丰富的联想,使自己的论证如虎添翼、效果倍增。

古希腊哲学家捷诺的学生问他:"老师,您的知识比我们多许多倍,您回答问题又十分正确,可是,您为什么对自己的解答总是有疑问呢?"

捷诺顺手划了一个大圆圈和小圆圈,说:"大圆圈的面积代表我的知识,小圆圈的面积代表你们的知识。我的知识固然比你们的知识多,但这两个圆圈外面就是你们和我无知的部分。大圆圈的周长比你们的长,因而我接触到的无知的范围比你们的多。这就是我为什么常常怀疑自己结论的原因。"

上例中,捷诺取喻明理,以此喻彼,把精辟的论述与摹形拟象的描绘糅合在一起,既给人以哲理上的启示,又给人以艺术上的美感。

使用比喻论证术,我们可以从正面设喻,说本体是什么、像什么;我们也可以从反面设喻指出本体不是什么、不像什么。使用反喻同样具有铿锵有力的幽默效果。

德国女数学家爱米·诺德获得博士学位后,还不能立即开课,因为她还没有得到讲师资格。但她的学识和才华受到了从事广义相对论研究的希尔伯教授的赏识。

在一次教授会上,为爱米·诺德能否成为讲师发生了一场争论。一位教授激动地说:"怎么能让女人当讲师呢?如果她做了讲师,以后就要成为教授,甚至进入大学评议会。难道能允许一个女人进入大学最高学术机构吗?"

希尔伯特教授反驳道:"先生们,候选人的性别绝不应该成为反对她当讲师的理由,我请先生们注意:大学评议会,毕竟不是男澡堂!"

这里"大学评议会不是男澡堂"就是反喻。这一反喻掷地有声、铿然作响,驳得对方哑口无言。

贴切的比喻在论辩中有着十分重要的意义,它能使论辩具有形象性、生动性、逻辑性,增加对手反驳的难度。

一次,墨子给他的弟子传授论辩之术。两个弟子因"多说话有没有好处"争得面红耳赤,相持不下,其中一个叫子禽的弟子便向老师求教:"多说话有好处吗?"

墨子回答说:"青蛙、苍蝇、蚊子日日夜夜不停地叫喊,嘴巴也干了,舌头也喊乏了,可没能博得人们的欣赏。雄鸡在黎明时刻按时啼叫,只要叫声一起,天下的人们都为之振奋起来了,去开始新一天的劳动和生活。你看多说话有什么好处呢?要紧的是,话要说得切合时机!"

墨子并未用长篇的说教来告诫弟子,而是用巧妙的比喻来说明某种道理。并且,由于比喻的幽默,既形象生动地说明了观点,又妙趣横生,令人捧腹,显示了墨子的幽默口才。

在论辩中,比喻论证运用得好,既能恰当地表达自己的寓意,又能给对方以讽刺,同时也给对手增加了难题。因为对手除了反驳你的论题外,还要反驳你的比喻,而比喻又往往是人们熟知的事实和道理。因而比喻既增加了对自己命题的确证,又增加了对手反驳的困难。但是,我们也应认识到,诡辩者为了达到其诡辩的目的,也往往借助于比喻的手法,毫无条件地将两类事物牵扯在一起,这就是荒唐比喻式诡辩。荒唐比喻式诡辩由于将抽象的事理赋予形象,所以具有很大的欺骗性,我们应特别加以注意。

五四运动后,北京大学某教授竟然还鼓吹一夫多妻制。

有人问他为什么赞成一夫多妻制,他振振有词地说:"一个茶壶可以配四个杯子,你见过一个杯子配四个茶壶的吗?"

这便是荒唐比喻,因为这两者之间是不能相比的。

当论敌使用荒唐比喻式诡辩时,我们也可以构造一个反的比喻加以驳斥。这样反驳针锋相对、尖锐有力。

比喻论证和类比论证很相似,在某些具体场合甚至难以分辨。但两者毕竟有区别。从理论上来说,类比论证是根据两类事物某些属性相同进而推断另一属性也相同,可以由已知探求未知,提供新结论;而比喻论证仅仅根据两事物某方面的属性相同,而进行比方,它只是一种生动、形象、通俗地说明整理的方法，只能帮助人们明确或加深某种认识。将比喻论证运用在雄辩过程中，是一种绝妙的论辩手法，使深奥的道理变得通俗易懂、生动有趣，增加论辩的说服力，以达到以理服人的目的。

说服需要语言技巧

常言说"忠言逆耳""良药苦口",但是,可否让忠言不再逆耳,良药也能甜蜜呢?在日常生活中,劝导他人也需要一些语言技巧。

我们可以设想一下这样的情景:假设你坐在出租车上,开车的是位愣小伙儿,他一只手伸出车外,一只手握着方向盘,把车开得飞快,这时你是否应劝一劝他?如果不劝,恐怕你一直要提心吊胆到下车。小伙子的开车技术的确很熟练,可是谁能保证这种"走钢丝"式的开车法不出点意外呢?如果劝阻,仅仅一面之交,你该怎么开口?

有位老妇人是这样说的:"小伙子,这个地方是不是经常下雨呀?"

"可不是,'六月天,孩儿脸'——说变就变。"

"那么,你把手拿进来怎么样?如果天下雨,我会告诉你的,你单手开车太危险啦。"听了这话,这位愣小伙儿笑了起来,并把手拿了进来。

细想一下,我们会发现老妇人的话有一个"误"字。愣小伙儿把手伸到车外,绝不是为了试试是否下雨,而是一种坏习惯。这一点老人的心里自然是明白的。但是,如果客观地指出这是一种坏习惯,愣小伙儿在情绪上就可能产生对立倾向。这位老人深明此理,她知其非但不言其非,而是故意往好的方面误解。这种误解一方面能给对方留面子，消除情绪上的对立；另一方面，又能以误会制造出笑料，使之产生幽默的效果。这种幽默就可以算得上是"误而劝之"。

有一对青年夫妻共同生活了几年，丈夫发现活泼的妻子在家务方面比较粗心，相反，对看电视、跳舞、读通俗小说之类的事倒越来越感兴趣，每天都把大量的时间用在这些事情上。一天晚饭后，丈夫问妻子："晚上准备做点什么？"
"看电视呀，你没注意连续剧演得正有趣呢。"
"看完电视呢？"
"琼瑶的一部小说还没看完，我想突击看完。"
"这事情办完后，帮我办点事好吗？"
"好啊，什么事？"
"帮我找一双不带窟窿的袜子和一件不缺纽扣的大衣。"
妻子一听就笑了，以后在这方面果然大大改进了。

如果把这位丈夫使用的技巧概括一下，可以称之为"退而求之"。这种技巧的第一个关键是先要忍耐，不要一抓住对方的"尾巴"就大喊大叫。毕竟，谁都有自尊心，亮出缺点让人家看，心里怎么能舒服呢？使用这种技巧必须耐住性子，等对方把缺陷充分表现出来之后，再以委婉的口气把事实列举出来，使之与缺陷相对照，产生强烈的反差，从而造成既好笑又有责备意味的幽默效果。

同时，我们也意识到，并不是每一个微笑都能让对方和颜悦色。在特殊的情况下，使用激烈的言辞，也能获得相同的幽默效果。

19世纪，日本有位著名学者叫佐久间象山，以谈锋犀利著称，曾有人问他："怎样才能成为富翁呢？"他想了想说："你抬起一条腿来小便看看。"问者颇为不悦，而他视而不见，继续说："对，就是这个样子，像条狗。如果循规蹈矩，是没法子当富翁的。"

　　佐久间象山的回答"野"味十足，体现了他犀利的谈吐特色。然而，他的犀利不失其度。对于提问者来说，他的回答获得了恰到好处的幽默效果。

　　我们不妨再仔细地解析一下：犀利的言辞总会产生"刺痛"的效果，但是在佐久间象山的回答中，锋芒不是直接指向问话人，而是那些"不循规蹈矩的富翁"。它虽然没有使提问者直接被"刺痛"，但是却间接受到了"触动"。因此，尽管这种方法十分锐利，但是在对话者那里只听到了"雷声"，并没有受到"雷击"。这是此种方法能造成幽默的奥妙所在，可称为"刺而动之"。

　　在使用中，把握"刺"的特点是关键。一方面，"刺"的对象不能是谈话的对方；另一方面，"刺"不应是怒斥，而应是鲁迅先生所谈到的"笑骂"。只有这样，才能使对方在笑中领悟。

　　亨利喜欢猫，这天他把猫带回家，要妈妈给猫取个名字。妈妈看到猫不太讲卫生，很是心烦，但她没发火，只是幽默地说："就叫它妈妈吧，你把它留在家里，我可要离开家了！"

　　妈妈在回答时清晰地表达了自己的意见，既有理又有情，还不愠不火，使孩子得到了教育，知道了自己的过错，也就主动把猫放走了。

曾有人说："愤怒咒骂的话，比刀剑还伤人——人人痛恨；幽默赞美的话，比蜂蜜还甜——人人喜欢。"因此，运用幽默达到交流和沟通的佳境，更容易使人理解和接受。

第九章

幽默反击：让对抗少点火药味

幽默是最有效的反击利器

做老实人说老实话,本应该是一条为人处世的准则,但若一味地老实宽厚,反倒会迁就、纵容别人不适当的言行,因此,面对别人的无礼攻击和嘲笑挖苦,一定要学会适当地反击,维护自己的利益和尊严。反击的方式有许多种,其中最机智聪明的办法是幽默地反击。

面对不讲理的人,要控制自己的情绪。以"骤然临之而不惊,无故加之而不怒"的大丈夫的涵养与气量,在气质上镇住对方,然后要冷静考虑对策,从中选出既幽默又有反击力度的最佳方案,找准打击点,在谈笑中让对手吃个哑巴亏,有口说不出。

在运用幽默反击时要冷静,切不可意气用事,可以采用旁敲侧击、指桑骂槐等方式,以谬制谬,抓住对手语言上的漏洞,一击制胜。

有个叫比尔的人,经常以愚弄他人而自得。一天早上,他坐在门口吃面包,看见杰克逊大爷骑着毛驴从远处"哼呀哼呀"地走了过来,于是他就喊道:"喂,吃块面包吧!"

大爷出于礼貌,从驴背上跳下来说:"谢谢您的好意,我已经吃过早饭了。"

比尔却一本正经地说:"我没问你呀,我问的是毛驴。"说完,很得意地一笑。

对比尔这一无礼侮辱,杰克逊大爷非常气愤,却又无法责骂这个无赖。他抓住"我和毛驴说话"的语言破绽,狠狠地进行了反击。

他猛然地转过身,"啪,啪",照准毛驴脸上就是两巴掌,骂道:"出门时我就问你城里有没有朋友,你斩钉截铁地说没有,没有朋友为什么人家会请你吃面包呢?""叭,叭",对准驴屁股又是两鞭,说:"看你以后还敢不敢乱说?"

骂完,翻身上驴,扬长而去。

大爷借教训毛驴来嘲弄无赖已和毛驴建立的"朋友"关系,使其有苦难说、张口结舌、哭笑不得,幽默地反击了比尔的挑衅。

总之,对于故意寻衅的敌人和尖酸刻薄的语言,我们一定要学会幽默地反击,而不能一味地忍让和宽厚下去,让小人得意。为人兼有软硬两手,才是处世自保并争取主动的处世真理。

不露锋芒，隐蔽回击

在生活中，我们有时候会受到别人冷嘲热讽的言语攻击，如果我们也以同样的方式回击对方就可能会使矛盾激化，从而一发不可收。因此，应采用隐蔽回击的办法，当然，这并不是一件容易的事情。

隐蔽反击的要点：一是要隐蔽，二是要对等。隐蔽是说反击不能太直接和裸露。对等就是说如果对方的攻击是侮辱性的，则还击也是侮辱性的，只不过要注意以幽默的方式表达出来；如果对方的攻击是调笑性的，那么，还击的语言就要是带有调笑性的幽默。

下面是一则发生在主人和客人之间的小幽默：

主人问客人："在您的咖啡里放几羹匙白糖？"

客人开玩笑地说："在自己家里时放一羹匙，在别人家里做客时放四羹匙。"

主人忙说："呵呵！请别客气，您就像在自己家里一样好了。"

客人的幽默无失礼之处，而且还能活跃待客场合的严肃气氛，因而，主人幽默的反击借题发挥，顺势而为，虽也不落下风，却也不带有丝毫恶意。

而有些时候，别人的攻击是刻意而为的恶意攻击，在这种情况下，如果再不以牙还牙、以眼还眼，就会丧失人格。一般说来，这时的攻击是应该锋芒毕露了，但是如果你认真思考过了，你就会发现我们最终所追求的并不是攻击的锋芒，而是攻击的力度。用幽默的方式作隐蔽的回击，隐藏了锋芒、增加了力度，从而使回击的现场效果得到淋漓尽致的发挥。

诗人拜伦在泰晤士河岸散步时，看到一个落水的富翁被一个穷人冒着生命危险救上岸，然而吝啬的富翁只给了这个穷人一个便士作为酬谢。

聚集在岸边围观的人们非常气愤，叫嚷着要把这个忘恩负义的家伙抛到河里去。这时，拜伦阻止他们说："把他放下吧，他值几个钱他自己清楚。"

在隐蔽反击时，要善于抓住对方的一句话、一个比喻、一个结论，然后把它倒过来去针对对方，把他本不想说的荒谬的话、不愿接受的结论用演绎的逻辑硬塞给他，叫他推辞不得、叫苦不迭、无可奈何。

机智地应对他人的刁难

1. 活用幽默的技巧

幽默可以使剑拔弩张的局面得到缓解。

一个英国电视台记者采访梁晓声,说:"没有'文化大革命',可能也不会产生你们这一代青年作家,那么'文化大革命'在你看来究竟是好还是坏?"

此问之刁,分明是诓人上当。梁晓声灵机一动,立即发问:"没有第二次世界大战,就没有以反映第二次世界大战而著名的作家,那么你认为第二次世界大战是好还是坏?"

他巧妙的回答,把球又踢给了对方。英国记者一怔,无言以对。梁晓声以其人之道,还治其人之身,转败为胜。

"以眼还眼、以牙还牙",用对手的办法制服对手。这种谋略的运用和取胜,往往会使对手无话可说,有苦难言,并使自己迅速由被动转为主动,取得斗争的胜利。

2. 以讲故事的方式幽默地反驳

有人曾批评英国前首相丘吉尔做事"不够尽善尽美",丘吉尔并未直言反驳,而是说了一个小故事:

在普利茅斯港有一位船夫救起了一个即将溺死的少年。一个星期后,一位太太叫住这位船夫:"上星期救我孩子一命的人是不是你?"

船夫说:"是的,太太。"

"哦!我找你好几天了,我孩子的帽子呢?"

这真是绝妙的幽默!

做事情可以求其尽可能完善,但若一味着意于尽善尽美,则很可能适得其反。那船夫救孩子时,还要竭力去打捞帽子,就有可能得了帽子,丢掉孩子,若论善美,那位太太是要孩子,还是要孩子的帽子?事物原有本末之分,抓本则至善,逐末则成空。

3. 话锋犀利,毫不示弱
(1) 巧妙地回击别人的嘲笑

当美国人乔卡诺来到众议院时,他不过是一个刚刚进入的新议员,当他首次发表演时,演说受到了众人的讥讽。但他巧妙地回击了别人的嘲笑。

当时的情况是:在他发言的时候,有议员嘲笑他:"这位来自伊利诺伊州的先生,他的口袋里必定装满了燕麦。"这句话顿时引起了人们的哄堂大笑。但是,乔卡诺却毫不示弱地说:"不但我的口袋里装着燕麦,就连我的头发里也还带着种子呢!"就因为这一句话锋犀利的话,乔卡诺从此踏上了显赫的政途。

(2) 妙喻反击

"九·一三"林彪叛逃事件之后,在联合国安理会的一次辩论中，苏联代表马立克傲慢地说："中国那么好，为什么林彪往苏联飞呢？"中方代表镇静而幽默地回答："尊敬的马立克先生，您连这一常识都不懂，鲜花虽香，苍蝇不照样往厕所飞吗？"

（3）把自己的弱点转化成优点

1984年，里根在竞选总统时与对手蒙代尔进行电视辩论。在论辩中，蒙代尔针对里根的年龄大发动攻击，指出高龄不适合担任总统。对此，里根说道："蒙代尔说我年龄过大，但我不会把对手的年轻、不成熟这类问题在竞选中加以利用。"里根这种机敏的语言引得听众发笑。在笑声中，选民接纳了里根。

以诙谐的语言反击对方

在实际谈判过程中，有时候我们会遇到对方的挑刺或者故意刁难，这时不可避免地会陷入困境中。在这样的情况下，我们该如何扭转乾坤，让那些故意刁难者知难而退呢？其实，这需要幽默的艺术，以诙谐的语言反击对方。如果你只是傻傻地站在那里，那只会让那些故意为难你的人更得意，同时，也会让所有的对手看笑话。当然，这需要一定的方法和技巧，才能巧妙地化解尴尬，从而为自己解围。

摩西·门德尔松是德国18世纪的大哲学家，有着典型的犹太人体相。有一天，他在柏林大街上散步的时候，不小心撞到了穿军服的普鲁士军官身上，军官冲着他粗鲁地骂道："笨蛋！"这时，哲学家微微地弯了弯腰，彬彬有礼地说："门德尔松。"然后扬长而去。

大哲学家门德尔松面对粗鲁的军官，在不损失自己面子的同时，有力地回击了对方，他所采用的就是幽默的方法。试想，当一条狗咬了你一口，难道你会俯下身子去咬狗一口吗？我们所能做的就是面带微笑，以诙谐的口吻去看待这件事情，让对方知趣而退。

在大街上，一位非常漂亮的姑娘紧紧地吸引了一个年轻小伙子的眼球。于是，姑娘走到哪里，他就跟到哪里。姑娘发现之后，停住了脚步，问道："你老跟着我干什么？"小伙子羞涩地回答说："你太漂亮了，我喜欢你。"姑娘又问："我有什么可吸引你的。"小伙子回答说："你就像一朵盛开的鲜花。"姑娘不屑地说："瞧你这个丑样，像个甲壳虫，我才不在乎你呢？"听到这样的话，小伙子平静而幽默地说："不，你说错了，我像一只蜜蜂。"

在现实生活中，当我们被别人讽刺，最常见又最失败的反应就是以牙还牙。若是在谈判中，我们也采用这样的方式，那只会造成谈判的失败。在上面这个案例中，面对姑娘的嘲讽，小伙子平静以对，幽默地加以纠正，则是风趣的，想必这样的人也是受欢迎的。

有一次，著名作家克雷洛夫与房东签订租房合同。那位房东在金钱上十分计较，而且他事先就知道了克雷洛夫是一个穷光蛋，因此，他便在租房合同特别写了一条：假如克雷洛夫不小心引起火灾烧了房子，那么必须赔偿一万五千卢布。

不过，令房东没想到的是，克雷洛夫看完，非但没有提出反对的声音，而且还很大方地在后面连续加了两个零。房东一看，喜出望外，说道："哎呀呀，一百五十万卢布。"其实，克雷洛夫并不是真的愿意多赔钱，他像没事一样，说："是的，反正多少都一样赔不起。"房东听了，目瞪口呆，一句话也说不出来。

在实际谈判中，如果你遭受到了对方恶意的顶撞、攻击、讽刺、挖苦或者出言不逊，这时不需要以牙还牙、针锋相对，这样会让局面变得一发不可收拾，而是需要将对方的讥讽之词当作前提、作为铺垫、作为条件，顺势表达出自己的看法，从而达到反击的目的。

在一家药店，一位顾客很生气地对经理说："一个星期以前，我在这买的润肤膏，总之一点作用也没起，我要求退款。"经理询问道："为什么？"顾客说："你说它可以与脱发做斗争的，可是不顶用。"经理建议说："您再试试看，我是说过，这种润肤膏，可用来与脱发做斗争，不过，这并不意味着，它一定能赢得最后的胜利啊。"

在实际谈判中，我们所说的每一句话都需要保持语言的严谨性，而且需要仔细揣摩对手所说的话，找准其中的关键字眼，这样我们才能随时给对方致命的反击。当然，我们所使用的方法应该是诙谐的、风趣的，不带任何攻击性的。

巧用冷幽默反击对方诘难

用幽默回击刁钻古怪的诘难，尤其具有良好效果。面对他人突如其来的诘难，巧妙灵活地运用幽默技巧进行反击，既可使对方茫然失措、尴尬难对，又可确保自己的人格尊严，表现出自己敏捷的才思和宽大的胸怀，使自己博得更多的同情和好感。

著名童话家安徒生一生很俭朴，经常戴着破旧帽子在街上行走。有个路人嘲笑他："你脑袋上边的那个玩意是什么？能算是帽子吗？"安徒生回敬道："你帽子下边的那个玩意是什么？能算是脑袋吗？"返还幽默一般是对方的攻击有多少分量，就还击同等的分量，软对软、硬对硬，不随意加码。

幽默贵在收敛攻击的锋芒，特别是在极其卑劣的人和事面前，如果你过分轻松地调笑，不但显得软弱无能，更缺乏正义感，而且会导致对方更嚣张地进攻，此时还击锋芒应该锐化。越是锐化，越是淋漓尽致，越有现场效果，而现场效果最强的方法就是返还幽默术。

奉系军阀首领张作霖有一次应日本人邀请出席酒会。在酒会上，这位东北"土皇帝"派头十足、威风凛凛，使在场的日本人大为不快。日本人设计要当众羞辱张作霖，以发泄他们内心的积懑。

酒会场上，三巡酒过，一个日本人离席而去。不一会儿，他捧来笔墨纸张，一定要张作霖当场赏幅字画。他们当张作霖是"土包子"，斗大字不识一箩筐，定然会当众出丑。

不料，张作霖接过纸笔，毫不推辞，一挥而就，然后冷笑掷笔，旁若无人地坐回自己的席位。众人齐看纸上写的是"虎"字，落款为"张作霖手黑"。

张作霖的秘书凑近张作霖小声说："大帅，您的落款'手墨'的'墨'字下面少了一个'土'，成了'黑'字了。"张作霖听了，两眼一瞪，大声骂道："你懂个屁！谁不知道在'黑'字下面加个'土'字念'墨'？我这是写给日本人的，不能带土，这叫'寸土不让'！"在场的日本人听了，个个张口结舌。

漫画大师张乐平的《三毛流浪记》中也有这么一则笑话：

一位阔太太牵着哈巴狗上街，见到衣衫破烂的三毛，想开心取乐，就对三毛说："只要你对我的狗喊一声爸，我就赏给你一块大洋。"

三毛说："喊一声给一块，喊十声呢？"

"给十块。"阔太太不假思索地答道。

三毛躬身下去，顺着狗毛轻轻抚摸，煞有介事地喊了一声："爸！"

阔太太不怀好意地笑了，并给了三毛一块大洋。三毛连喊十声，阔太太真的赏了十块大洋。

这时周围挤满了看热闹的人。三毛笑眯眯地向阔太太点了点头，故意提高嗓音，长长地喊了一声："谢谢你，妈！"

围观的人大笑不止,阔太太面红耳赤。

面对恶语中伤或蓄意挑衅,采用精妙的冷幽默不仅可以巧妙解决尴尬,更可以有力地回击对方,令其毫无招架之力。

幽默夹杂着针砭和嘲讽

最具嘲讽和针砭意味的幽默大师，恐怕要以捷克斯洛伐克文学家赫拉巴尔为代表。

赫拉巴尔一生际遇起伏，顺境少而逆境多。卑微地活了大半辈子后，赫拉巴尔才认真地开始创作，终于在49岁那年出了他的第一本书。赫拉巴尔的作品充满了黑色幽默，他笔下的小人物让人看得又哭又笑，虽然捷克人的生活很苦很压抑，但他仍要用这种幽默、玩笑来抗衡、消解来自各方面的沉重压力。赫拉巴尔的幽默中渗透的是对人和社会的思考与担忧，使人在笑过之后感受到一种辛酸和压抑。

不为幽默而幽默，让幽默夹杂着针砭和嘲讽，往往可以一举打动人心。让幽默夹杂着针砭与嘲讽，具有相当的难度。只有那些心系社会民生，并有足够的才能和远见卓识的人，才能创造并领悟这种内涵深刻的幽默。

《中魔的人们》是赫拉巴尔的短篇小说，他在里面的描写深刻细致，语言荒诞幽默，常让人忍俊不禁。譬如，他说在水泥厂飘灰的空气里，生活着一帮快活的人，他们坚信这里的空气包治百病，他们热爱那些我们或许感到烦躁的声响。小说中的人物布尔甘先生用镰刀驱赶蜜蜂，然后一刀砍在脑袋上，就像长出了一个牛角。他不让人拔镰刀，说："等等吧，没准我们家的小子想把它画下来哩。"

关于幽默，赫拉巴尔有自己的解释："幽默和笑是最高的认识，痛苦的事件变成怪诞场面，成为一件轶事的影射和暗喻。令我恐惧的种种事情从怪诞的角度看就都变成了幽默。"而在《中魔的人们》中，那些"不合情理"之处，就是赫拉巴尔式的幽默，才是最有魅力的地方。好的与坏的，新鲜的和腐败的，全部都混淆甚至颠倒了，这种混淆和颠倒，就是赫拉巴尔的幽默。由此看来，幽默会给人力量，给我们迎击一切的信心和勇气。

图图主教是反对种族歧视的斗士，而且才智过人，极富幽默感。1984年冬，他在纽约一次基督教仪式上说："传教士刚到非洲时，他们手里拿着《圣经》，我们手里有土地。传教士说：'让我们祈祷吧！'我们便闭目祈祷。待我们睁开眼睛时，发现一切都倒了个个儿，我们手里有了《圣经》，而他们手里有了土地。"

作为一名主教，图图主教不希望宗教成为西方国家掠夺土地的手段和工具。但是，西方世界的传教士就是利用非洲人对神灵的敬畏，大肆掠夺非洲人民的土地与财产。于是，图图主教用看似幽默的语言，讽刺了传教士们对神灵的亵渎、对利益的贪婪，更深层地表现了人类本性中的罪恶。现实生活中，很多人都喜欢用这种幽默的方式表达不满、讽刺社会问题。这种幽默沉重，但却渗透着对人性及社会的思考与担忧，是智者幽默的不二之选。

中华人民共和国成立前，拾风在上海某报当编辑，专门负责主持"每日一议"这个栏目，针对政局和世情民风发些议论。1946年，民主人士马叙伦在南京车站被特务殴打，激起民愤。可是，国民党中央社发出统一新闻稿，严令禁止各报记者采写，议论此事更是遭受压制。

拾风的"每日一议"当然不敢"造次"，可要他违背良心附和政府是不可能的。于是，拾风写下最短的一篇杂文，全文只有6个大字："今日无话可说！"

拾风的这6个字，被誉为最有力度、最短的杂文。这仅有的6个字，笔底波澜却胜过万语千言，它的力道，在于不知所指却又众所周知，让人读罢露出一丝苦笑。如果可以，拾风想要说的恐怕更多，但被高压统治所迫，他只能抛出这6个字。这种想言而不敢言的愤怒，凝聚在这短短的6个字中，他把满腔的愤怒化为无言的声讨，力重千钧！如此看来，讽喻式幽默的分量不在长短，重点在于能否戳到痛处，只要命中靶心，6个字的幽默也可抵万字。

从这种嘲讽、针砭式的幽默方式来看，幽默不仅仅只来源于快乐，悲伤也是"幽默之母"。美国作家马克·吐温也有类似看法，他甚至认为，"幽默本身的秘密来源不是快活，而是悲伤"。马克·吐温在现实生活中发现了许多令人伤心痛苦的事情，却用诙谐而讽刺的笔调写出来，让人忍俊不禁。他用那支幽默之笔写下的人物和故事，给了人们许多笑料，更给了人们许多用以思考社会和人生的荒诞现象。

赫拉巴尔的幽默同样也以"痛苦"为内涵，这与他独特的人生经历有关。他本是位法学博士，但他却不以本业谋生，先后当过仓库管理员、铁路工人、推销员、钢铁厂临时工、废弃物打包工、剧院布景工人和跑龙套的临时演员等，一生都未从事过任何跟法学有关的工作。由于多年混迹在社会最底层，卑微地活了大半辈子，他才有机会接触到形形色色的小人物,发现到社会底层的罪恶,从而写出带有强烈个人风格的作品,创造出独特的带有嘲讽与针砭意味的幽默。

我们大多数人的生活阅历比较贫乏,与赫拉巴尔波澜壮阔的一生根本无法作比较。但是,只要我们能开放自己的胸襟和气度,像赫拉巴尔那样拥有一颗正义、正直、善良的心灵,自然就能在浮华世界中始终保持一种独特锐利的眼光,创造出属于自己的动人心魄的幽默。

自引荒谬，巧妙反击

在与别人交谈的过程中，如果发现对方话中存在一定的荒谬之处，可以先自引荒谬，以便让对方产生歧义，然后在对方的反问中，再巧妙地反击到对方身上，使对方的荒谬之处暴露得更突出。这一来一回，意义形成了鲜明的对比，从而产生了不错的幽默效果。

从前，有一个农民无缘无故地被一个财主诬陷。开堂审判时，县官明显向着财主，农民对此十分不满，就对县官说："大人，你不能判我有罪啊！"

"你明明有罪，为什么不能判你有罪？"县官大声问道。

"回老爷，因为我是一个瞎子啊！"农民说道。

县官一听，不禁大笑起来："看你两眼锐利，清澈如水，这不是明明睁眼说瞎话吗？真是荒谬之极！"

农民接过县官的话说："老爷，如果我的眼睛不瞎，那么就是老爷的眼睛瞎了。"

"为什么？"县官厉声喝道。

"明摆着的事实和道理，老爷却视而不见，难道说你的眼睛没瞎吗？"

在这个故事里，农民就是采用了自引荒谬、巧妙反击的幽默方法，从而让县官自己认识到自己的荒谬之处。

再看下面一个故事：

从前,有一个财主骑着高头大马到野外游玩,在回来的路上迷失了方向,他左右看了看,见前方有一个农民在田里干活,便骑马走到农民跟前,大声问道:"老头子,你知道往二府庄的道路怎么走吗?"

农民见财主不仅不下马,而且还十分无礼,就想逗一逗这个财主,于是说道:"对不起,老爷,我没有时间和你说话,因为我们家的马刚刚'哞哞'地叫着,生下了一头小牛,我得赶快回家去看看。"

财主一听,哈哈大笑,说道:"笑话,真是笑话,马怎么会下牛,而且还'哞哞'地叫着,难道你家的马不会下小马吗?"

"老爷,我也不明白,这个畜生为什么不下马,而且还'哞哞'地叫?"农民说道。

你看,自引荒谬、巧妙反击的幽默,真是痛快淋漓、妙趣横生,农民最后的那句话巧妙地笑骂了财主的无礼,而且使财主没有觉察,等财主反应过来时,又抓不住农民的把柄,只有哑巴吃黄连,把气往肚子里咽了。

第十章

幽默拒绝,不伤面子的高效拒绝术

下令逐客，幽默的圆融

生活中我们经常会遇到这样的情况：

（1）常遇到说起话来没完没了的朋友，让你感到很厌烦。

（2）被人扰得心烦意乱时，而不知道如何拒绝。

（3）朋友越说越带劲，你勉强敷衍，极想对其下逐客令但又怕伤了感情，因而难以启齿。

有朋来访，促膝长谈，交流思想，增进友情是生活中的一大乐事，也是人生道路上的一大益事。宋朝著名词人张孝祥在跟友人夜谈后，忍不住发出了"谁知对床语，胜读十年书"的感叹。然而，现实中也会有与此截然相反的情形。下班后吃过饭，你希望静下心来读点书或做点事，那些不请自来的"好聊"分子又要扰得你心烦意乱了。他唠唠叨叨，没完没了，一再重复你毫无兴趣的话题，还越说越来劲。这个时候，就需要巧用幽默之法实现逐客的目的了。

一天晚上，一对夫妇到朋友家去串门。天色很晚了，他们还不走，主人只好耐着性子奉陪。他们继续东拉西扯，一看表，已经凌晨一点了。可是这对夫妇仍然没有离开的意思。这时，男主人故意打了一个哈欠，装出一副想睡的样子对妻子说："走，咱们睡觉去吧。咱们不睡觉，总找客人说话，客人怎么好意思回去呢？走，快睡去吧。"

丈夫的幽默表达意思明显，就是在暗示时间已经很晚了，客人该回去了。他故意把责任推托到自己的身上，避免了来客的尴尬，换得来客的自明。

但是，如果你"舍命陪君子"，就将一事无成，因为你最宝贵的时间，正在白白地被别人占有着。鲁迅先生说："无端地空耗别人的时间，无异于谋财害命。"任何一个珍惜时间的人都不甘任人"谋财害命"。

那要怎样对付这种说起来没完没了的常客呢？最好的对付办法是：运用高超的幽默语言技巧，把"逐客令"说得美妙动听，做到两全其美。要将"逐客令"下得有人情味，既不挫伤来客的自尊心，又使其变得知趣。

例如，暗示滔滔不绝的客人。主人并没有多余的时间跟他闲聊胡扯时，与冷酷无情的逐客令相比，下面的幽默说法就更容易被对方接受。

1. 以热代冷的幽默逐客法

用热情的语言、周到的招待代替冷若冰霜的表情，使好闲聊者在"非常热情"的主人面前感到今后不好意思多登门。爱闲聊者一到，你就笑脸相迎，沏好香茗一杯，捧出瓜子、糖果、水果，很有可能把他吓得下次不敢贸然再来。

过度的热情，往往会冲淡以"贵客"自居的光临热情，因为过分热情的实质无异于冷待，这就是生活辩证法。但以热代冷，既不失礼貌，又能达到"逐客"的目的，效果之佳，不言自明，这是幽默所在。

2. 以攻代守的幽默逐客法

用主动出击的姿态堵住好闲聊者登门来访之路。先了解对方一般每天几点到你家，然后你不妨在他来访前的一刻钟先"杀"上他家门去。于是，你由主人变成了客人，他则由客人变成了主人。用同样的方式在他家赖着不走的话，会让他的无奈转化成对你的同情，以后也就不会总是赖在别人家闲聊了。

巧言妙语，智慧的拒绝

自尊心，是每一个人应该具有的东西。因此在拒绝别人时，要顾及对方的尊严。毕竟在社交场合中的每一个人，他们无一例外地都关心外界对自己的评价。由于来自外界评价的性质、强度和方式不同，人们会相应地做出不同反应，并对交际过程及其结果产生积极或消极的影响。通常的规律是：尊之则悦，不尊则哀。

如果能在拒绝他人的过程中将对方逗笑，那对方的难堪一定能减到最低程度，甚至让人在笑声中忘掉被拒绝带来的不快。因此，拒绝他人，不妨采取幽默拒绝的方法技巧，这样，就可以把拒绝带来的遗憾最小化，既不伤害对方的自尊与感情，又取得了对方的谅解和支持。

雨果成名后，一张张请帖雪片似的飞来，怎么办？直接拒绝显得没有礼貌，于是他想出了个好办法：拿起剪刀，咔嚓咔嚓，把自己的半边头发和胡子剪掉。当有人敲门进来说"请您参加……"时，雨果笑嘻嘻地指着自己的头发和胡子说："哟，我的头发真不雅观，很遗憾！"邀请者只好悻悻而走，却又因此情此境而大大消除了被谢绝引起的不悦。当雨果的头发长齐后，又一部巨著问世了。

即使是同样性质的谢绝，大家也没必要东施效颦地去学雨果剃"阴阳头"的做法。故事给我们的启迪在于：任何拒绝，一般都不会令人愉快，为此，我们就要想方设法使用幽默诙谐的手法，将对方这种不悦的心情降低到最小值。

某市要举办一次歌手比赛,一个社会声誉不太好又根本不懂艺术的民营企业家找到赛会主持人说:"我赞助1万元,你安排我当个评委怎样?"

赛会主持人拍一拍对方的肩膀说:"老兄,你钱多得没处花了吗?这1万元扔在这个比赛上,不如扔到河里,还能看到个水漂儿。"

这是在对方提出要求后,机智地以诙谐幽默、玩笑打诨的话语作为遮掩,避开对实质性问题的回答,巧妙地拒绝了对方提出的要求。

在拒绝别人时,采用幽默的方式往往能使对方对这委婉的回绝心领神会,从而避免了尴尬。

慢点说"是",笑着说"不"

比林定律是美国幽默作家比林提出的,指的是人的一生几乎有一半的麻烦是由于太快说"是"、太慢说"不"造成的。幽默的拒绝同样遵循此法,将幽默引入拒绝的口才技巧之中,不是为了让拒绝在委婉中漫步,而是为了让拒绝在幽默的掩护下说得更快一些。

著名的法国钢琴家乌尔蒙年轻的时候,有一天他弹奏拉威尔的名曲《悼念公主的孔雀舞曲》,节奏太慢,正在听他弹奏的拉威尔忍不住对他说:"孩子,你要注意,死的是公主,而不是孔雀。"

在这里,拉威尔将公主与孔雀这两种原来互不相干的事物出人意料地联系起来,使人们产生惊奇,并在笑声中意会到拉威尔话语的真正含义。

拉威尔对乌尔蒙的演奏"节奏太慢",并不是采取直接批评的方式,而是采用婉转的暗示:"死的是公主,而不是孔雀。"这样,使演奏者首先得回味一下,拉威尔的话到底是什么意思?弄清楚了,便意识到自己处理作品中的失误。应该加快速度,快到什么程度呢?拉威尔的话给了提示,是孔雀舞曲。演奏者的脑海中定会浮现出美丽的孔雀翩翩起舞的英姿。拉威尔幽默的旁敲侧击,使乌尔蒙明白了自己的毛病所在。

在与人交往中,要懂得拒绝的艺术,考虑问题不能急躁,也不能急慢。觉得自己无法做到的事情,就要明确而快速地告诉对方,以免给自己造成不必要的麻烦。

  一个男孩天天追着一位可爱的女孩，尽管这位女孩并不喜欢这位男孩，可是每每看到男孩真切的眼神，女孩不忍心直接拒绝男孩的好意。
  女孩："你知道吗？我特别喜欢吃冰淇淋，尤其是香草味道的。"
  男孩："好啊，以后我天天买给你吃。"
  女孩："男人就像各种口味的冰淇淋，口味多是因为每个人钟爱的口味不同，在我眼中你是草莓味的冰淇淋。"
  男孩："哦。"
  从此以后，男孩不再纠缠女孩了。

  女孩很聪明也很幽默，为了不打击男孩的自尊心，巧妙地将自己的拒绝放在了冰淇淋的口味中，把拒绝轻松地说出了口，避免了不必要的情感纠葛。
  一般人都不太好意思拒绝别人，但在很多情况下，我们为了避免多余的困扰，对一些不合理或不合自己心意的事有必要拒绝，但怎样才能既不伤害对方的自尊心又能达到拒绝的目的呢？慢点说"是"，笑着说"不"，将会是屡试不爽的好方法。

通过暗示，善于说"不"

很多时候，我们不得不拒绝别人，但是怎样将这个难说的"不"说出口呢？ 幽默性的暗示，是一种不错的选择。

美国出版家赫斯脱在旧金山办第一张报纸时，著名漫画大师纳斯特为该报创作了一幅漫画，内容是唤起公众来迫使电车公司在电车前面装上保险栏杆，防止意外伤人。然而，纳斯特的这幅漫画完全是失败之作，发表这幅漫画，有损报纸质量，但不刊登这幅画，怎么向纳斯特开口呢？

当天晚上，赫斯脱邀请纳斯特共进晚餐，先对这幅漫画大加赞赏，然后一边喝酒，一边不停地自言自语："唉，这里的电车已经伤了好多孩子，多可怜的孩子，这些电车，这些司机简直不像话……这些司机真像魔鬼，瞪着大眼睛，专门搜索着在街上玩的孩子，一见到孩子们就不顾一切地冲上去……"听到这里，纳斯特从座椅上弹跳起来，大声喊道："我的上帝，赫斯脱先生，这才是一幅出色的漫画，我原来寄给你的那幅漫画，请扔入纸篓。"随后两人在笑声中完满结束了愉快的晚餐。

赫斯脱就是通过自言自语的方式，幽默性地暗示纳斯特的漫画不能发表，让纳斯特欣然地接受了意见。

另外，通过身体动作也可以把自己拒绝的意图传递给对方。 当一个人想拒绝对方继续交谈时，可以机灵、幽默地做转动脖子、用手帕拭眼睛、按太阳穴以及按眉毛下部等漫不经心的小动作。这些动作意味着一种信号：我较为疲劳、身体不适，希望早一点停止谈话。显然，这是一种暗示拒绝的方法。此外，微笑的中断、较长时间的沉默、目光旁视等也可表示对谈话不感兴趣、内心为难等心理。

　　一天，为了配合下午的访问行程，小王想把甲公司的访问在中午以前结束，然后依计划，下午第一个目标要到乙公司拜访。但是，甲公司的科长提出了邀请："你看到中午了，一起吃中饭吧？"
　　小王与甲公司这位科长平常交情不错，又是非常重要的客户，不能轻易地拒绝。但是，和这位爱聊天的科长一起吃中饭，最快也要磨蹭到下午一点才能走。小王怎样才能不伤和气地拒绝呢？

答案就是在对方表示"要不要一起吃饭"之前，小王就不经意地用身体语言表示出匆忙的样子，可以自然地抬起手看看手表，幽默地解释道："多希望手表上的时间是归我所有啊，否则也就能够分身了。"

巧妙地学会用暗示的方法拒绝别人，让对方明白你在说"不"，不仅能把事情办妥，而且不伤和气。

逻辑拒绝，巧踢回传球

在交际过程中，当自己处于不利态势，为了寻找转机，加强自己的立场，也需要找借口拒绝对方。这时，如果你能灵活机智地用对方的话来拒绝对方，就能使对方不再坚持，从而达到自己拒绝对方的目的。这就是运用逻辑幽默进行拒绝的巧妙方法。

有一次，萧伯纳的脊椎骨出了毛病，就去医院做手术。手术做完后，医生想多捞一点手术费，便说：

"萧伯纳先生，这是我们从来没有做过的新手术啊！"

萧伯纳当然听出了医生的言外之意，想向病人收取额外的手术费，萧伯纳不愿意再给医生"红包"，但又不便明确拒绝，便装傻卖愚地顺着另一层意思说下去：

"这好极了！请问你们打算支付我多少试验费呢？"

医生顿时窘住了，只好讪讪离开。

萧伯纳的逻辑是：既然你要强调这是从来没有做过的新手术，那我的身体便变成试验品了！萧伯纳合理地从对方的话里引出了一个合乎逻辑的相反结论，巧踢"回传球"，让对方哑巴吃黄连——有苦说不出。萧伯纳正是在拒绝中绝妙地应用到了幽默的逻辑。

有很多的问题，我们还可以巧妙地把对方设置在同样的情景，以此来引诱对方做出他的判断，从而让对方明白自己的处境或意思，巧妙地拒绝对方的要求。

小李从一个朋友那里借了一架照相机，他一边走一边摆弄着，这时刚好小赵迎面走来了。他知道小赵有个毛病：见了熟人有好玩的东西，非得借去玩几天不可。这次看见了他手中的照相机又非借不可了。尽管小李百般说明情况，小赵依然不肯放过。小李灵机一动，故作姿态地说："好吧，我可以借给你，不过我要你不要借给别人，你做得到吗？"小赵一听，正合自己的意。他连忙说："当然，当然。我一定做到。""绝不失信？"小李还追加一句说。"绝不失信，失信还能叫作人？"小李斩钉截铁地说："我也不能失信，因为我也答应过别人，这个照相机绝不外借。"听到这儿，小赵目瞪口呆了，这件事也只有这样算了。

通过设问，抛砖引玉，以对方的回答来作为拒绝的依据，使对方就此作罢。因为人不可以出尔反尔，自我推翻。小李幽默的逻辑思维加上机智的口才辩解，把小赵绕进了他自己的言辞陷阱中，让自己的拒绝变得笑中带刀。

在寻求拒绝的技巧过程中，要知道，拒绝对方的最有力武器，往往是对方自身。我们应该懂得引导对方的谈话，从对方口中拿到自己拒绝对方的理由。

幽默拒绝，化解尴尬

有一位"妻管严"，被老婆命令周末大扫除。正好几个同事约他去钓鱼，他只好回答："其实我是个钓鱼迷，很想去的。可成家以后，周末几乎被没收了。"同事们哈哈大笑，也就不再勉强他了。

用幽默的方式拒绝别人，有时可以故作神秘、深沉，然后突然点破，让对方在毫无准备的大笑中失望。

有时候，拒绝的话不便开口，如果用幽默的方式表达出来，也就在达到拒绝目的的同时，让别人很愉快地接受了。

洛克菲勒一生中至少赚了10亿美元。但他深知过多的财富会给子孙带来麻烦，所以一生中捐出的金钱竟高达7.5亿美元。

然而，在捐钱之前，他都一定要搞清款项的用途，从不随便乱捐。

一天，洛克菲勒在下班的途中被一个懒人拦住，向他诉说自己的不幸，然后恭维他说："洛克菲勒先生，我从20里外步行到这里找您，路上碰到的每一个人都说你是纽约最慷慨的大人物。"

洛克菲勒知道拦路人是在向他讨钱，可他非常不喜欢这种捐款方式，但又不愿意使对方太难堪。怎么办呢？洛克菲勒想了一下，便对这个懒人说："请问，过一会儿你是否还要按原路回去？"

懒人立即回答："是的。"

洛克菲勒就对懒人说："那再好不过了，请您帮我一个忙，告诉刚刚碰到的每个人，他们说的都是谣传。"

听到洛克菲勒这样的拒绝，几乎每个人都有笑的冲动，因为洛克菲勒太过玄妙地将自己的拒绝用幽默的方式表达了出来。甚至我们都能够想象得出，当懒人听到这句话的尴尬反应。洛克菲勒虽然没有说出一个"不"，但却给予了懒人最肯定的拒绝。

事实上，对于任何人来说，拒绝别人的话总是不好说出口的，但拒绝的话经常又不得不说出口。这时不妨用幽默方式说出拒绝的话，把对方遭到拒绝时的不愉快感擦掉。

绕圈拒绝，优化交际圈

在人际交往中，我们总有被人拒绝或拒绝别人的时候。拒绝表述总难离一个"不"字，而这个"不"字又往往最不好意思说出口。当然，坦白直率地拒绝或严词拒绝也未尝不可，但这样往往使对方产生不快，认为你不近人情。既要把"不"字说出口，又能赢得人家的宽容和体谅，和他人保持良好的人际关系，绝非易事。敢于说"不"，诚然不易，而善于说"不"，则更加难得。所以给拒绝找一个适当的方式，幽默是拒绝的最好方式。

断然拒绝别人可以显得一个人不拖泥带水，但对遭到拒绝的人来说，却是很不近人情的。聪明人这时会幽默地绕个圈子，不直接说出拒绝的话，而让对方明白其中的意思。

1799年，年轻的拿破仑·波拿巴将军在意大利战场取得全胜后凯旋。从此，他在巴黎社交界身价倍增，也成为众多贵妇追逐青睐的对象。

然而，拿破仑对此却并不热衷。可是，总有一些人硬是紧追不放，纠缠不休。当时的才女、文学家斯达尔夫人，一直在给拿破仑写信，想结识这位风云人物。

在一次舞会上，斯达尔夫人头上缠着宽大的包头布，手上拿着桂枝，穿过人群向拿破仑走来。拿破仑躲避不及，于是，斯达尔夫人把一束桂枝送给拿破仑，拿破仑说道："应该把桂枝留给缪斯。"

然而,斯达尔夫人认为这只是一句俏皮语,并不感到尴尬。她继续有话没话地与拿破仑纠缠,拿破仑出于礼貌也不好生硬地中断谈话。

"将军,您最喜欢的女人是谁呢?"

"是我的妻子。"

"这太简单了,您最器重的女人是谁呢?"

"是最会料理家务的女人。"

"这我想到了,那么,您认为谁是女中豪杰呢?"

"是孩子生得最多的女人,夫人。"

他们这样一问一答,拿破仑在幽默的回答中也达到了拒绝的目的。斯达尔夫人也知道了拿破仑并不喜欢自己,于是作罢。

小王毕业以后分到一个小地方打杂,开始时很失意,成天和一帮哥们儿喝酒、打牌。后来逐渐醒悟过来,开始报名参加等级考试。

有一天晚上,他正在埋头苦读,突然一个电话叫他去某哥们儿家集合,一问才知道他们"三缺一"。小王不好意思讲大道理来拒绝他们的要求,也不想再像以前没日没夜地玩了,便回答说:"哎呀,哥们儿,我的手艺你们还不清楚啊,你们成心让我'进贡'嘛,我这个月的工资已经见光了。"一阵哄笑后,对方也不好勉强,后来他们都知道小王已经另有他事,也就不再打扰了。

小王面对自己不愿意参与的交际,先诚恳地表示了自己的"笨拙"，即自己不擅长打扑克，并幽默地说那是自己的酸手艺，言外之意自己去了的话怕会是影响大家玩牌的兴致。小王的拒绝艺术在于，懂得将自己的语言绕弯子。

绕着圈子拒绝别人，是讨人喜欢的一种幽默说话方式。但绕圈子必须做到不讨人厌，也就是说必须巧妙、生动趣味，三言两语能够把拒绝的意见表达出来。如果绕了半天，对方还是一头雾水，那就弄巧成拙了。

委婉的幽默拒绝口才修炼：

（1）装聋作哑。对于你不想回答的问题，或者无论怎么回答都对你不利的问题，你可以佯装没听见，糊涂带过。

（2）答非所问。故意曲解问题的方向，说一些无关紧要的话，甚至可以把话题转移到无关轻重的问题上。

（3）在对方还没有说出口，或者还没有说完某个意思的时候，即做出错答，也是一种很好的拒绝技巧。如果等对方把问话全说出来，就会表达出某种特别的意思，难以收拾。因此，在别人把话说完以前，先考虑到对方要问什么，在他的问话未说完时，就迅速按另外的思路作答，一是可以转移其他听众的注意力，二是可以使问者领悟，改谈别的话题免于因说破造成尴尬局面和一些不愉快的后果。

巧妙拒绝，让他知难而退

约会是男女开始真正意义上的恋爱的标志，所以，接受别人的约会请求也意味着接受别人的求爱。对于不愿意接受的示爱者，我们应该拒绝与其约会，不能因为一时心软而使对方误会，导致真正明确两人关系时牵扯不清，给对方造成更大的伤害。拒绝约会应该有"快刀斩乱麻"的魄力，因为这不仅仅代表对一次约会的推搪，而且暗示着自己对对方的爱情的谢绝。这就要求我们一方面要把握说话的分寸，不损害对方的感情；另一方面要表明心意，断绝对方再次邀请的念头。

找各种各样的幽默借口来推搪约会，使对方体会到拒绝之意。

上课、加班、身体欠安、天气不好……这些都可以成为拒绝约会的好借口。在搬出这些借口的同时，可以有意地露出破绽，让对方从借口的不严密性中明白是在有意敷衍。此外，也可以以幽默的方式暗示自己确实不愿意与对方交往。总之，借口不能找得太严密、太合乎情理，不要让对方误认为是客观原因导致不能赴约，从而把约会的时间推至以后，令自己再次处于被动局面。

有一位热情的小伙子向一位美丽的姑娘表达了自己的爱慕之情，但是这位美丽的姑娘并不喜欢这位小伙子。

在小伙子真情告白完之后，姑娘问道："你真的很喜欢我吗？"

小伙子说："当然了，我保证自己是真的喜欢你，我对天发誓……"

姑娘问:"那你有什么证据可以证明你爱我呢?"

　　小伙子热切地说:"我的心,我用我这颗真诚的心可以证明。"

　　姑娘笑笑,说道:"呵呵,真的很对不起,你是唯'心'主义者,而我是典型的唯'物'主义者啊。唯心主义者和唯物主义者怎么能够在一起呢?"

小姑娘明明知道小伙子说的"真诚的心"是和哲学名词不同的,但是小姑娘知错犯错,机智地将小伙子的那颗"真诚的心"说成了是唯心主义,然后通过自己的唯物主义思想立场,将拒绝巧妙委婉、幽默地表达了出来。

在这则恋爱拒绝案例中,我们可以发现拒绝言谈在一种因素的加入下会更容易让人接纳,那就是幽默。无论是义正词严地拒绝还是委婉地拒绝,拒绝者都是巧妙地从对方的话语里找到拒绝的理由来源。拒绝者的聪明之处就在于这里,即使我拒绝了你,那也是因为你的表现不够充分。

能够得到别人的爱是一种魅力,能够巧妙地拒绝一份自己不情愿的爱更是一种魅力。在拒绝时,如果加入了幽默的推辞,就会使自己的拒绝更加容易被对方接受。